JN078578

伊東寿泰 ［著］

Hisayasu Ito, Ph.D.

これで変わる！
あなたの英語力！

This will change your English proficiency!
Creating your own English environment

英語の環境作りのススメ

YOBEL, Inc.

装幀　ロゴスデザイン：長尾優

これで変わる！
あなたの
英語力！
英語の環境作りのススメ

目　次
Table of Contents

本書における聖書の引用は、断りがなければすべて【新改訳 2017】と【NIV】からである。略号は次の通りである。

【NIV】　New International Version
【新改訳 2017】　　聖書 新改訳 2017

【KJV】　King James Version
【新共同訳】　　聖書 新共同訳
【新改訳 3 版】　　聖書 新改訳

本書で使用した聖句の聖書名は、次の略号を使用している。

箴言	箴言
イザヤ	イザヤ書
マルコ	マルコ福音書（正式名：マルコによる福音書）
ルカ	ルカ福音書　（正式名：ルカによる福音書）
ヨハネ	ヨハネ福音書（正式名：ヨハネによる福音書）
ローマ	ローマ人への手紙
コリント第一	コリント人への第一の手紙
フィリピ	フィリピ人への手紙
テモテ第一	テモテへの第一の手紙
テモテ第二	テモテへの第二の手紙
ヘブライ	ヘブライ人への手紙
ペトロ第二	ペトロの第二の手紙
ヨハネ第一	ヨハネの第一の手紙

＊本書内の写真は、断りがなければすべて著者撮影のものです。

まえがき

　学校の英語授業以外で、私が人生で初めて外国人と生で英語をしゃべったのは、洋楽がらみでした。私の出身地は大都市ではなく、九州の地方都市で、東京や大阪のように、頻繁に外国人アーティストやグループがコンサートを開催するような所ではありませんでした。ところが、妙なことに、ハービー・ハンコック（Herbie Hancock）という当時でも有名なジャズミュージシャンが、街の文化会館でコンサートをすることになりました。私は当時高校生だったと思いますが、友だちと一緒に入場券をどうにか手に入れ、彼のコンサートに行きました。コンサートは大成功で、本人も嬉しかったのか、コンサート後に舞台の近くで余韻に浸っていた私たち数人の学生を自分の楽屋に呼んでくれました。彼は英語で「今宵はどうだったかい？」と私たちの感想を聞いてきました。もちろんその時英会話はほとんどできません。ただ私たちも感動を伝えたくて、ジェスチャーを交えながら「Great! Fantastic!」と知っている限りの褒め言葉で返しました。彼にはたどたどしいものだったでしょうが、私としては初めて日本語以外でコミュニケーションが取れた、英語が通じたと感激した出来事でした。ただ本当はもっと話を続けたかったので、「こんばんは素晴らしい**よい夜**だったよ」と言おうとしたところ、思わず口から出た言葉が「Good night!」だっ

たので、彼には「おやすみ」という別れの挨拶として伝わってしまい、残念ながらその場はそれでお開きとなってしまいました。先ほどの喜びと同時に、もっと英語をうまく喋りたいなと反省した瞬間でもありました。読者の皆さんにもそういう経験があるでしょうか。

　英語上達法。これについては多くの日本人が関心を持っているようです。実際、街やネットの書店に行くと、このテーマに関して数多くの書籍を見つけることができます。雑誌や定期刊行物、単行本や新書等様々な形で出版されています。もちろんスマホやタブレット、PC等で検索できるネットの情報もたくさんあります。大抵は、書き手や著者の成功体験や専門家の理論のもとに、英語はこうすれば上達するというハウツーものが多く、中にはこれが決定版というような謳い文句で並べられているものもあります。読者の中には、ある本や情報で述べられた方法を実際に試したけれどダメだったので、別の本や情報で次の方法を試し、また次の本を買うということを繰り返し、結局うまくいかなかったので、やっぱり英語は上手くならないんだと諦めてる人もいるかもしれません。しかし、それらの本や情報が間違っているかと言えばそうとも言えません。おそらくそういう方法で英語が上達したから、ぜひその方法を共有したいという気持ちから、著者は情報を発信しているんだと思います。

　じゃあ何が問題かと言うと、英語習得に関しては、ある人によかったからと言って、その方法が他の人に当てはまるかと言

うとそうでもないからです。本当にしっくりいくという方法は、100人いればまさに100通りの仕方があると言っても過言ではありません。つまりある特定の方法が自分に合っているかどうかということが大事です。人には、それぞれ性格や気質の違いがあります。興味や関心のあるものも違います。現在の英語レベルがどれくらいで、英語習得の目標がどれくらいかでも違ってきます。本書も英語上達の方法を幾つも紹介していますが、**他の同様な書籍や情報と違ういちばん大きな特長は、自分に合った方法を自分で見つけてもらうということ**を提案していることです。この提案は、一言で言えば「**英語の環境作り**」ということになります。

　ご存知の通り、英語習得に時間がかかるとすれば、ほぼ毎日のように英語に接する環境を作り出せば、必ず英語能力は上達するというのが私の持論です。英語は「慣れ」と言ってもよいと思います。具体的には、英語学習はもちろんですが、本当は、自分の好きな、あるいは興味のあることを通して毎日**楽しみながら、英語に接する時間を多くする**ことができればしめたものです。英語の上達には、次の4技能 —— 読む（Reading）聞く（Listening）書く（Writing）話す（Speaking）—— を、バランスよく伸ばすことが重要ですが、それらをスポーツ・映画・ドラマ・音楽・読書・友だち等、自分の興味のあるものを通して、英語に触れ使っていけたら英語の世界が広がります。このようなことを本書の中で、具体的に紹介するとともに、英語にまつわる私の経験やエピソードを交えながら、異文化理解も含めてお話したいと思っています。そういう意味では、本書全部が英語の

環境作りに関することを書いていますが、読者がなるべくイメージしやすく興味をもったものから取り掛かれるように、あるいは読みたいものが分かるように、あえて環境作りの中身を便宜的に4つの大きなカテゴリーに分けて本書を書くことにしました。それは、

①英語上達の秘訣
②英語上達の方法
③日本でできる英語の環境作り
④異文化理解

の4つです。ですから、目次の順に読んでもらうのもよいですが、目次を見て興味を持った箇所から読んでいただいても結構です。

　断っておきますが、本書は『Perspectives on English Language Education in Japan』という本の中で、私の長年の英語教育の考えをまとめて書いた「第1章　Reflections on English language education in Japan: An insider's view」を基に、日本語で大幅に加筆したものです。ただし、本書に書いてあることがすべて私の発案ということでは決してありません。私が大学で実際に英語を教え、また英語教授法を研究したり、本を読んだり、以前アメリカや南アフリカ共和国（南ア）への留学（通算で約10年弱の海外生活）等で経験してきたことを主な論拠として書いてあります。また当然のことですが、限られた紙面ではすべての考えを述べることはできません。

　また私ごとで恐縮ですが、以前私は立命館アジア太平洋大学

（APU）で、現在は京都の立命館大学と大学院で英語を主とした語学・言語科目を教えています。そこで私の学生の中でも英語力を伸ばした学生・院生を多く知っています。とは言え、もちろん本書に書いてあることが立命館大学の英語教育を代表しているということでもありません。ご存知の人もいるかと思いますが、英語教育や英語教授法（第2言語習得理論等）については様々な意見があります。英語教員1人ひとりがそれぞれの持論を持っており、英語教員以外にも英語を教えている民間会社・団体や個人がいて、それぞれが特徴を持った教え方をしているので、本書の内容について賛同する人もいれば批判する人もいるでしょう。大事なことは、読者が本書を読み、**自分に合った英語の上達法**を見つけ、それを実践していただくことです。また、基本的に「英語の上達法」について本書は書いてありますが、英語だけではなく、他の言語を学習する時にも応用できるものがたくさんあります。自分の学習したい言語に合わせてアレンジしてみてください。私の願いは、まずは「英語（外国語）の環境作り」を実践する読者が1人でも増え、英語（外国語）が上達したという喜びの声を聞くことです。本書をそばにおいて、一緒に頑張っていただければ幸いです。

　　2022年夏　京都にて

　　　　　　　　　　　　　　　　　　　　　伊東 寿泰

YOU ARE PRECIOUS
AND HONORED
IN MY SIGHT.

第 1 章
英語上達の秘訣

Chapter 1:
Secrets to Improving Your English

HOPE DOES NOT
PUT US
TO SHAME.

THE TRUTH
WILL SET
YOU FREE.

1. 意欲と勤勉さ、英語に慣れること

　日本では、「英語が使えたらいいよなあ」と思っている人はたくさんいるようです。英語ができる人を格好よい、英語ができればインターネットから無限の情報を得ることができる、あるいは英語ができれば他国の人々とも交流できて世界が広がると考える風潮は強いようです。でもそれは、どうしても英語学習を遂行するとか、是が非でも英語をマスターしたいと思って実際に努力することを意味しているわけではないようです。あくまでも淡い願望であったり、「寝ている間に知らぬ間に英語が上手くなっていればいいなあ」という程度のこともあるようです。

　私は大学で英語を教えていますが、英語が上手くなりたいと強く思っている学生もいれば、やはりそれが淡い願望にすぎない学生も少なくないようです。しかも通常、大学では教養の必修科目として英語科目があります。ですから大学生になると、否が応でも英語を学習することになります。またその英語科目の単位が取れなければ、大学を卒業できないことにもなります。したがって、大学生が英語を学習するのは、個人的に英語が上達したいと思う以外にも、別の目的もあるわけです。

　さらに新入生の特徴として指摘できることは、国際化の時代とは言え、彼らが多様な興味や関心をもって入学してくること

　これで変わる！　あなたの英語力！ —— 英語の環境作りのススメ

です。その中には、英語や語学学習を重要視している学生もいれば、それ以外の学習や技能を重要視している学生もいます。したがって、今大まかに分けたその2つのグループの中の後者には、自らの英語力の伸長よりも、他の知見や技能の伸長を実現したい学生も少なくないということです。つまり、大学英語教育にとって大事なことは、学生のニーズに合わせ、英語学習を重要視している学生には英語力を向上させる英語プログラムを学部教育期間を通して提供し、そうでない学生には最低限の英語学習（必修英語）を義務づけるだけで、あとは自らの興味やキャリア設計に合わせた別の学習に積極的に取り組んでもらえればよいと思います。

　他方、英語を重要視し、英語の学習目的を理解している学生は、その後の英語学習に自ずと力を入れることと思います。しかしながら、それでも彼らの英語力の向上度合いには差異が生じ、結果的にさらに、英語力が向上するグループとなかなか向上しないグループの2つのグループに分かれていきます。それはなぜでしょうか。英語力向上には英語学習への「**意欲と勤勉さ**」が求められ、この2つがとても重要で、どちらが欠けても向上しないからだと思います。前述したように英語をもっと学習したいという意欲だけでは向上しません。語学である以上、「常日頃から反復継続しコツコツと英語を学習する勤勉さ」が必要となってきます。この勤勉さが持続しない学生は、英語の力を伸ばせません。そこでその意欲と勤勉さを結びつけるものが必要です。それは、将来への夢や計画であったり、異文化体験です。具体的に述べると、意欲はモチベーションであり、自

らの興味やキャリア設計が明確であればあるほどモチベーションも高くなります。国際的な機関・企業・NGO で働きたい、海外ツアーコンダクターやキャビンアテンダントになりたい等の将来設計をもったり、国際交流・海外留学等異文化を経験すると一般的にモチベーションは高くなります。そうしてこの意欲と勤勉さが結びついた学生は、コツコツと学習する勤勉さをもって英語を学習するようになります。さらに英語を実生活の中で使っていける学生が伸びていく学生のようです。

　このような学び方は、なにも大学生だけに限ったことではないと思います。小さな子どもを始め、中学生・高校生・一般の人でもその年齢に応じ、英語習得に対してこの意欲と勤勉さをもっている人は、英語力を伸ばしていける人だと思います。

　意欲と勤勉さに加えて、英語を上達させるもう１つの秘訣として、次のことが大事だと思います。それは「**英語に慣れる**」ことです。一般的な人間の性格として、自分が慣れてないことはなかなか上手くできません。特に英語が嫌いであれば、先ほどの意欲と勤勉さに影響が出ます。なぜなら、基本的に嫌いなものに意欲をもてませんし、それに時間をとって接しようとする勤勉さも養うことができないからです。人は自分が興味をもつことには、何時間も、文字通り没頭することができます。小さな子どもでさえ、ゲームを好きな子は親がやめなさいと注意しなければ、何時間でも集中してゲームをしています。集中できるということは、そのことに慣れ親しんでいるからです。英語も同様で、英語に慣れていくとだんだんと英語に対する苦手

意識が薄れていきます。

　例えば、最初英語の本を開いて、英語ばかり書いてあると吐き気がしてきたり、圧倒されて声も出てきません。どこから手をつけてよいのかもわかりません。果たしてそんなものを見続ける必要があるのかと思ったことは、皆さんも経験ありませんか。もしあれば、それは身体が英語に慣れていないからです。英語を上達させるには、英語ばかりの文字を見ていても、嫌悪感を感じずに、日本語を見ているように普通に感じられるようになることが大切です。それが英語に慣れるということです。できれば、英語が好きになれれば最高ですが、普通の人にはなかなか難しいことです。そこで、次項からどうしたら英語に慣れることができるようになるのかを、一緒に考えていきたいと思います。

2. 英語の苦手意識を少しでも解消し、
　自信をもって英語を使うこと

2.1.　苦手意識について

　人はあることに苦手意識をもっていると、それに慣れることが難しいと思います。ですから、英語の苦手意識を少しでも解消し、自信をもって英語を使うようにという点を私は提案したいと思います。ただその苦手意識を克服する具体的な方法を紹介する前に、もう少しこの英語の苦手意識の一側面について考

えてみましょう。

　まず苦手意識としては色々な形があります。

　例えば、前述した英語力が向上している大学生の中でも、ま
だ苦手意識をもっている人がいます。つまり、自分の力が向上
したという実感をもつことができない人が少なからずいるわけ
です。なぜでしょうか。それは、その人自身がまだまだ英語力、
特に会話力が身についたと感じていないからです。実際に英語
を使ってネイティブ（英語母語話者）と流暢にコミュニケーショ
ンができないと分かっているからだと思います。言い換えれば、
会話の際に苦手意識が働いているからです。しかし、大学生で
あれば、まがりなりにも長年英語を学習してきたわけですから、
もっと自信をもって、流暢に話せなくても、間違ってもよいか
ら積極的に英語を使うことにチャレンジしていって欲しいと思
います。そして後で述べますが、その間違いから学び、英語上
達につなげていくようなしたたかさがあれば最高です。私は、
多くの人にこの辺の意識をつけてもらうことが、英語上達への
近道だろうと感じています。

　ところが、自分自身の経験からも言えることですが、英語に
関して日本人には意外と完璧主義者が多いようです。英米人の
ように発音がきれいになるまでは話さない。文法は間違えずに
完璧に使いこなせるようになるまでは英語を使わない。英単語
も幼稚ではなく知的なものを獲得するまでは会話をしない。ブ
ロークンイングリッシュで話している人は格好悪い。そういう
風に考えている日本人が、案外多いのではないでしょうか。も
ちろん完璧に話せるなら、それに越したことはありません。で

も、私たちは母国語を話していても間違うことがあります。ましてや小さい時から慣れ親しんでいない英語（外国語）を、日本人がうまく話せないとしても、それは当然なことだとも言えます。もし完璧になるまで話してはいけないと考えているなら、それは誤解です。そこで私は自分の学生に、「英語学習では、**間違いを恐れるな。むしろ自分の間違いから学べ。大いに恥をかいて覚えよう**」と、伝えています。そして間違いをしたら、どうしてそれが間違いなのか、どのように直せばよいのかをしっかりと学び、同じ間違いを繰り返さないこと、これが上達への近道の1つだと伝えています。

　さらにグローバル化した現代は「World Englishes」の時代です。世界の至る所で使用される英語は、今やひとつではなく、発音や用語・文法も多様化しています。今では、英語・米語・シンガポール英語・オーストラリア英語・日本英語・アフリカ英語・ラテンアメリカ英語等、多種多様な英語があります。どれがよくて、どれが悪いかではなく、どれであっても、日常でもビジネスでもしっかりとコミュニケーションが取れれば、イングリッシュ・スピーカー（英語を話す人）と言えるのです。特に日常会話でのねらいは、自分の意見や考えを相手に伝えコミュニケーションを相手と取ることですね。その場合、完全な英語を話すことが目的ではありません。その時点ではブロークンなイングリッシュでも、ジェスチャー等を使ってもコミュニケーションが取れればよいわけです。ちゃんとした英語を話せないと恥ずかしいと思わなくてもよいのです。したがって意見交換や情報発信等のコミュニケーション力向上のためには、あまり

小さなことに囚われずに、**間違いを恐れずに勇気をもって英語をまず使うことが第1歩**です。繰り返しになりますが、それにはまず苦手意識を意図的に捨てる方策を実行することがよいでしょう。

2.2. 苦手意識の克服方法

　苦手意識の克服方法は色々あると思います。それは実際に英語を実践していくことによって克服して行く方法と、自分の考え方・思考方法からアプローチをしていく方法です。どちらを先にやっても構いません。特に順番はありません。以下ではそのような方法やアプローチの仕方を紹介しますが、「まえがき」で述べたように、基本的にどこから始めても結構です。つまみ食いのような格好でパラパラと頁をめくって読んでもらっても構いません。まずは、本書の中で興味をもった項目から始めてみてください。

　では最初に、実際に英語を実践していく中で苦手意識を克服し、英語に慣れていってもらう具体的な方法を述べます。

2.3. 間違いから学ぶ

　間違いを恐れずに勇気をもって英語をまず使うことが大事だと前述しましたが、とにもかくにも英語を口から出してみることがよいでしょう。そういうことを続けて、自分のつたない英語でも会話が通じることを知り、ある程度話すことができるようになれば、後から自分でも文法的な間違い等に気づいてくるものなので、その時に正しい文法を身につければよいと思い

ます。

　先ほど「間違いから学べ」と言いましたが、私の子どもが小さかった頃、次のような話がありました。私の長女が確か当時5歳ぐらいだったと思いますが、弟が転んで鼻から少し血を出したことがありました。私は「大した鼻血じゃない。大丈夫。大丈夫」と言って、その子を慰めましたが、長女は「鼻血！鼻血！」と大声で他の人にそのニュースを伝えに行きました。私はそんなに大騒ぎしなくてもと思いましたが、おそらく長女は覚えたてのこの新しい言葉を使いたいこともあって、知らせに走ったのでしょう。ところがその数日後、天気のよい日にその長女が公園で遊んでいて、今度は自分が転んで膝を擦りむきました。少し遠くから見守っていた私の所に来て、その長女が「パパ〜、膝から鼻血がでた〜！」と少し大げさに泣き叫んできたので、その光景を見るなり、私は思わず吹き出してしまいました。「膝から血が出るのは、鼻血じゃないよ」と言ってあげると、長女は不本意な顔をしながらも、最後は一緒に笑っていました。その後は2度と鼻以外のところからの出血を「鼻血」と言うことはなくなりました。これも間違いから学ぶということの典型的な例ですね。

　間違いを恐れずに勇気をもって英語をとにかく使ってみることの第2の話としてこういうことがありました。

　私は20代の頃、米国の大学院に留学したことがあります。渡米する前に、その進学条件の1つにペーパー版 TOEFL で550点以上をとる必要がありましたが、何ヵ月か勉強してそれをクリアし、無事渡米しました。その勉強方法については後ほ

ど話しますが（「第3章4. 各種英語資格の取得」参照）、ただそれでも、初めからネイティブと同じクラスで授業について行くのは難しいと言われていたので、大学院で正規に授業を受ける前に、1年を4学期に分けるクォーター制の1学期だけ、別の大学の付属の語学学校に通いました。実はそこで、英語学習についていちばん驚いたことがあります。

　それは私たち日本人とは違う他の国から来た学生の積極性でした。私のクラスには、アジア人も少しいましたが、ヨーロッパや南米、また中東からの留学生もいました。ご存知のように、南米からの学生は、ポルトガル語やスペイン語を話します。中東からの学生はアラビア語やシリア語を話します。その中でも、中東の学生は、授業に限らず、授業外でもいっぱい英語を喋ろうとしていました。ただ、文法的にはめちゃくちゃだし、発音もお世辞にも綺麗とは言えません。だから私たち日本人は、少し軽蔑的なニュアンスも含めて「よくあんな英語で喋れるよねー」と顔を見合わせていました。「私たちはあんな喋り方ではなくて、恥をかかないように、文法や発音をしっかり学んでから喋ろうね」と話していました。ところがです。英語が早く上達したのは私たち日本人ではなく、実は彼らだったのです。間違っても、とにかく喋り続けていくうちに、**英語脳**が彼らの頭の中にできてきたのでしょう。コツを掴んだのか、日に日に彼らの英語がよくなっていったのです。積極的に話すことや授業で文法も習うこともあって、文法の間違いも少なくなってきました。また喋り続けていくうちに、舌や口の動きが慣れてきたのか、発音のほうもよくなってきました。したがって、私た

ち日本人もそれなりに勉強していたにも関わらず、学期の途中でも、学期の終わりでも、彼らのほうが相対的に英語は上達していました。上達のスピードも早かったのです。この実体験から、間違いを恐れずに勇気をもって英語をとにかく使ってみる、喋ってみることの重要性を私は学んだのです。

　この話をすると、大体の日本人や日本人学生はこう言います。「自分たちも喋ろうと思っているけれども、思ったように英語の言葉が口から出てこないんです。」おそらく同じことを経験している読者もいるかもしれません。そうなんです。「**間違いを恐れずに勇気をもって英語を使う**」と分かっていても、実践するのは、そうやさしいことではありません。まだ英語を話す脳になっていないからです。ご存知のように、日本語の語順は、ほぼ主語・目的語 / 補語・**動詞**です。英語の語順は、だいたい主語・**動詞**・目的語 / 補語です。これは思っている以上に大きな違いです。最初は意識して頭の中で言葉の順序を考えないと正しい英語の順序で言葉が出てきません。例えば「私は・音楽が・好きです」は、英語では「私は・好きです・音楽を」になります。これぐらいの短文の英語であれば、それほど難しいことではないかもしれません。でも、短文ではなくて長文になると、もうお手上げです。ではどうするか。それは**正しい英語の順序で言葉が出てくるように、脳の思考方法を変える訓練**をするしかありません。この脳の思考方法を変えるには「**慣れ**」が必要です。「慣れ」とは、頭の中で翻訳作業をせずに、最初から英語で考えて単語を口から出すことです。この翻訳作業をな

くすことが「慣れ」になります。慣れてきて英語脳になると、日本語を使わずに、最初から自然と英単語が口からでるようになるのです。

3. 英語上達の仕掛け

では、「慣れ」るにはどうするか。もちろん私の提案は「**英語の環境作り**」です。これは大きな**アンブレラターム**（統括的用語）で、本書で**中心となる考え方**です。このキャッチフレーズとも言える「英語の環境作り」の下に、英語上達の幾つもの仕掛けをお伝えしたいと思います。例えば、先ほどの「最初から英語で考えて英単語を口から出す」というスピーキングでは「慣れ」るために、以下のことが効果的で、これらは英語をモノにする具体的な方法の例となります。まずここでは特に基礎的な事柄や仕掛けについてお伝えしようと思います。

3.1. Three-words-method（スリーワーズメソッド）

ざっくり言うと、英語は３つの単語を使えば、最低限のコミュニケーションができます。その３つとは主語・動詞・目的語／補語です。「私は・音楽が・好きです」は、「I love music.」なので、このパターンに合うものは３語で話すようにするのです。主語・動詞・補語の場合は、「This is great.」で「これ、すごいね」となります。それでもネイティブにあまり通じない時

は、身振りや手振りをつけて言いたいことを伝えるのです。「I like」と言いながら、歌う振りをする。実際に歌ってもよいです。リズムを取って頭を揺らしながらギターを弾く真似をする。ドラムを叩くフリをする。またモノを指で差しながら「great」「good」「wonderful」と言えば、たいてい通じるものです。この時、3語の1つを、類義語（同じような意味をもった別の用語）に**置き換えて**何度も伝えれば、それも効果的です。このような繰り返しが「慣れ」につながっていくのです。私は2001年から大学で英語教育に携わるようになりましたが、それ以前の1980年代後半に、英会話教室を個人的に運営している時からも生徒に、「もっと簡単に文を使おうよ」とこの方法を伝えてきました。

　またそれを練習する方法としては、自分で言いたいことをすぐに言えるかどうか、独り言として言ってみることです。最初の方はなかなか言葉が出てこないと思いますが、**根気強く続けて**いって、自然と言葉が出てくるようになればしめたものです。

3.2.　English Journal（英語日記）

　これは、文字通り英語で日記を書く方法です。この方法を薦める人が最近多くなってきたようです。それでいろいろな方法があるのですが、私がお薦めするのは次のやり方です。それは、**1日に15分だけ**時間をとって、その時間内に書ける英文を書いていく練習法です。15分だけというのがミソです。あまり長い時間を取り過ぎると、飽きてきたり、他の活動に支障が出る場合があるからです。また、毎日でなくても結構です。週に2〜3回でも**英語日誌をつける習慣**をつけると、それが英

語への「慣れ」につながっていきます。最初は「Three-words-method」のように、短い文から始め、その作業を何度か繰り返していきます。そうすることに慣れてきたら少しずつ文の単語数を増やしたり、修飾語や説明を少しつけていったりします。この繰り返しの作業によって、それが自然とできるようになると思いますが、やはり15分だけというのがミソです。

　具体的には、自分の日誌なので、夜にその日に何をしたかを書き留めるようにします。しかしまず慣れることを重点におくならば、起床してから最初の仕事やタスク（課題）を始めるまでの活動を書き留めるようにすれば、朝でももちろんできます。例えば、朝は何時に起きて、洗面をして、朝食にパンとコーヒーを飲んだ等、普段していることを書き留めるのです。最初は、少し考える必要があります。本や誰かの表現を借りたり、自分で例文を1度作ってしまえば、後は流れ作業です。次回は、状況に合わせながら前回の英文を繰り返すだけです。こうすることで、ペンをもつと特に考えることなく、また単語を特に選ぶことなく、スラスラと筆が進むと思います。そういうことを繰り返していくと、15分でも結構な英文が苦もなく出てくるようになると思います。日本語で考えることなく、最初から英語で考えて書く習慣がついてきます。そのうちもっと詳しく書きたい、他の単語や表現も使ってみたい等と思ってくれば、しめたものです。そんな欲が出てきた時に、辞書、英語の教科書や映画のセリフ、音楽の歌詞等からヒントを得て、毎日1つずつでもクールな英語表現を使って、自分の語彙（vocabulary：用語集。単語や英語表現を集めたもの）を増やしていくとよいと思います。

それは同じようなことを書くにしても、全く同じ用語や表現を使うのではなく、違う表現や言い方に変えたりして、工夫をすることによって、いくらでも英語学習の幅が広がるからです。実際にこの英語日記を実践した学生から「先生、前よりも自分の英語力が上がった感じがします」、「英語でも、そんなに考えなくても言葉が出てくるようになりました」というような嬉しい声を何度も聞いています。

　ただそうは言っても、日記を書く際になかなか筆が進まない時があるでしょう。そういう時には、テーマを絞って日記を書くのもよいかと思います。

　例えば、感謝できることを書く「**感謝日記**」というものがあります。こんな日記もあるんだということで、私が初めてこのことを知ったのは、1980年代にアメリカに留学していた時のことです。今でもアメリカで視聴率の高かったトークショーの1つと評されるTV番組で活躍していたOprah Winfrey（オプラ・ウィンフリー）が、TVスタジオに来ている一般の参加者と、TVの視聴者に向けてこの感謝日記を書くことを勧めていたのを思い出します。通常、日記というものは、その日の出来事を書きとめるのが普通だと思いますが、この感謝日記は、特に小さなことから大きなものまで感謝できることに焦点を当てて書いていくというものです。例えば、今日はいつも通り朝6時半に起きることができた、今日は1日無事に過ごすことができた、今日も3食それなりに食べることができた、今日は久しぶりに会いたかった人に会えて話ができたというような小さな当たり前のことから、就職できた、仕事の大きなプロジェクトがうま

くいった、昇進をした、結婚をした、待望の赤ちゃんが無事に生まれた等、人生の大事な転機や出来事という素直に感謝できるものを書き留めることもできます。人間数えてみると、以外に感謝できることが多いことに気づきます。そういう小さな成功体験から大きな成功体験までを振り返ると、毎日をポジティブ（肯定的に、前向き）に生きるきっかけにもなるかもしれません。

とは言え、人生の苦難に直面する時に、感謝できることなんぞあるはずがないと思う読者もいると思います。そういうときももちろんあると私も思います。あのトークショーホスト（ホステス）のオプラも指摘していたことですが、私たちの人生はよいことばかりではありません。むしろ好ましくないことの方が多いかもしれません。歩行中に階段を踏み外し捻挫をした、引きこもりになった、失恋した、試験に落ちた、病気にかかった、難病で闘病しているが治療でとても辛い、交通事故を起こした、離婚した、失業した、家が火事で焼けてしまった、台風の大水害で家が流された、愛する家族や人を亡くした等、人生の困難をどう受け止めたらよいのか、わからないことがたくさんありすぎます。希望が全くなくなれば絶望してしまいます。絶望すれば生きる力も失います。そういう時に希望を見つけるために、苦難の中にも**感謝できること**がないかを探して書くのです。これはとても難しいことですが、それができると物事を別の視点から見ることができるようになります。

先ほどの例で言うと、階段を踏み外したけれど骨折ではなく捻挫ですんだ ── ありがとう。引きこもりになったけれど自分を見つめ直す時間ができた ── ありがとう。失恋したけれ

ども人生の一面を学んだ —— ありがとう。試験に落ちたけれど次回のためによい勉強ができた —— ありがとう。病気にかかったことによって自分の生活を見直すことができた —— ありがとう。闘病生活はとても辛いけれどもそれでも生かされていることを知った —— ありがとう。交通事故を起こしたけれども今後は重大事故にならないように気をつけることができる —— ありがとう。離婚したけれども別の人生が待っている —— ありがとう。失業したけれども再就職に向けてまたトライできる —— ありがとう。火事や大水害で家を無くしたけれど命だけは助かった —— ありがとう。愛する家族や人を亡くしたことによって人は永遠に生きるわけではないこと、1日1日を大事にして生きるべきであることを学べた —— ありがとう、というように。

　また何か災害やパンデミックのようなことが起こると、普段できていることができなくなるといった状態を経験することがあります。そういう時に当たり前のことが当たり前にできることの尊さに気づかされます。このように、人それぞれによって状況が違い、感謝できることは千差万別かもしれませんが、感謝日記をつけることによって、絶望から希望を見つけ、生きる力や再起できる力を得ることができるかもしれません（この希望については「第1章 5.2.2. 前向きな英語学習」も参照）。その力を得る可能性があるものの1つがこの感謝日記で、同時にそれを英語で書くことによって英語力を上げていくこともできるでしょう。人によっては、方法の1つとして覚えておくとよいかもしれません。

「ありがとう日記をつけるといいわ。毎晩、あなたが感謝したことを5つ、リストアップするの。そうすれば、毎日に対する、そして人生に対する、あなたの見方が変わり始める。」オプラ・ウィンフリー [https://iyashitour.com/archives/29635]

3.3. 簡単な文の使用

あなたがもし最初から英語で文を作れなければ、（日本人なら）まず日本語で何を言いたいかを考えるでしょう。そしてその同じ意味を英文に置き換えることをします。これが言わば日英翻訳の作業です。日本人にとってこのひと手間が実は大変なのです。多くの人は中学や高校の英語授業で、この英作文をノートに書いて練習したと思いますが、その作業です。しかも喋るときは、英語をノートに書くのではなくて、頭の中で瞬時にその作業をしないといけないわけです。これがなかなか難しいので、ここで英語を諦めてしまう人もいます。そして「英語は苦手だわ〜」と思ってしまうのです。

しかし、実はこの作業も「慣れ」がモノを言います。この作業について、私が最初にアドバイスしたいことは、まずその最初の日本文自体をなるべく簡単な文にするということです。構文的には**単文**といいます。単文は、主語と動詞を1つずつ使って表現する文です。そうすることで、翻訳作業も簡単になります。

例えば、「私は朝食を食べた」という単文ならば「I ate

breakfast.」となります。この場合主語と動詞が1つずつで、それに動詞の目的語が1つついているだけです。これが単文です。これなら初学者もすぐに思いつくでしょう。そして実際はこういう単文を続けて翻訳作業をするのです。「朝7時に起床した」「次に顔を洗った」「歯磨きをした」「服を着替えた」「私は朝食を食べた」……と、英文に翻訳する作業がなるべく簡単になるように、**まず日本文を単文で整える**のです。こうすることで翻訳作業もずい分と楽になります。

　ところが、多くの日本人は思いついた考えや文をそのままで英訳しようとします。例えば、「朝7時に起床し、顔を洗い、歯磨きをして、服を着替えた後に、朝食を食べた」と、通常日本人は幾つもの文をつなげて表現する傾向にあります。これを**重文や複文**といいます。**重文**とは、2つの文（正確にはこの場合「節」という）を（等位）接続詞の「そして（and）」「しかし（but）」等を使って1つの文にしたものをいいます。**複文**とは、2つ以上の文を（従属）接続詞の「〜けれども（though）」「〜なので（as）」等を使って1つの文にしたものをいいます。このような重文や複文をそのまま英訳しようとすると、その作業は意外と難しくなります。先ほどの文は、「and」でつなげるだけなので、それほど苦労はしないかもしれません。しかし次の複文はどうでしょうか。「今日は朝6時に起きたかったけれども、前日の夜はとても疲れていたので、7時まで寝むりこんでしまった。」これをそのまま英訳するのはとても厄介です。そこでこれを単文に区切っていくわけです。

　「今日は朝6時に起きたかった」

「前日の夜はとても疲れていた」

「7時まで寝むりこんでしまった」

とすることで、それぞれの文が主語と動詞を1つずつ使う単文となります。ただ自然な訳にするには、順番を入れ替えたりするほうがよいかもしれません。それでも複文のまま訳すよりは簡単です。

> Today I wanted to get up at 6 am. But I overslept until 7 am. I was so tired last night.

> 対照的に、これを1文で表現すると次のようになります。

> Although I wanted to get up at 6 am today, I overslept until 7 am, because I was so tired last night.

この場合、「Although」「because」等の従属接続詞の使い方はもちろん、どの点を**主節**（いちばん大事な節や内容）にして、どれを**従属節**にするかも瞬時に考えなければなりません。好みの問題もありますが、どちらの例を使っても間違いではありません。でも初学者は、まず日本語を整えて、翻訳作業では翻訳する前の日本文をできるだけ短くしてから英文を作るとよいと思います。そのようにして英作文に慣れてきたら、その後少しずつ複雑な文のままで訳したり、色々な表現法を使って書くようにすれば、さらに英語は上達するでしょう。

3.4. 言葉の意味が1つだけと思ったら大間違い

たとえば Cool Japan（クールジャパン）。日本が外国の訪日旅行者を増やそうとし始めた頃からか、日本のよさを再認識する風潮が出てきました。政府や自治体もこのクールジャパン

のキャンペーンをするようになりました。事実、コロナの感染拡大直前まで訪日旅行者の数は右肩上がりでどんどん上がっていきました。ただこのキャンペーンはどこでも見られるようになっていったので、その意味を知らない人は少なくなりましたが、最初どんな意味か、説明を聞くまでは疑問に思っていた人たちもいるかもしれません。「cool」と聞いて日本人がすぐに思いだす訳語は、「涼しい」「冷たい」ということでしょう。したがって Cool Japan は「涼しい日本」「冷たい日本」と考えた人もいるかもしれません。でもご存知のように、これを訳せば「カッコいい日本」「イケてる日本」となるでしょう。つまり「cool」には「涼しい」等という意味以外にも「カッコいい」「魅力ある」「素敵な」「冷静な」「冷淡な」等の意味もあるわけです。

　このような例があるということが、英語学習者を時に悩ませるわけです。したがって英語上達者になるためには、語彙(ボキャブラリー)のストックを増やす必要があります。ただこれもなかなか簡単にはできません。この場合通常、英語辞書を使うわけですが、「**言葉の意味が 1 つだけではない**」ということを念頭に入れて調べる必要があります。調べたい単語が、どのような意味をもっているのかを確定するためには、元の文脈の中での使われ方に注意します。辞書で意味を探すときは、その使われ方にもっともふさわしい意味を見つけるようにします。すぐに見つかる場合もあるでしょうが、あれでもないこれでもないと奮闘する場合もあります。その場合の秘訣は、単語の例文が載っている辞書を使い、例文を参照しながらどれが適当かを判断するのがよいでしょう。このことについては後述する「第 1

章 4.4. 品詞の話」でもう少し詳しく話すことにします。

4. 日常英語会話力を獲得するための 最低限知っておくとよいこと

　「日本人が英語を喋れないのは、学校教育の英語授業で主に文法理解や読解（訳す作業）ばかりを教えているからだ」という声が聞こえて久しいですが、事実私が学んだ時の中高生の時代は、そうだったように思います。そういう批判を受けて、今はもっと英語のコミュニケーションを主体においた授業がなされているようです。それでそれは改善されてきているように思いますが、だからといって文法を学ばなくてよいということにはなりません。確かに、スムーズなコミュニケーション、特にスピーキング力を上げるには、小難しいテクニカルな文法を細部にわたって学ぶ必要はありません。しかし、実はここに誤解があって、だから文法学習は無視してよいということにはなりません。実は最低限の文法を押さえておくことによって、スピーキング力も含めて英語の４大技能（読む・聞く・書く・話す）を伸ばす基礎ができ、引いては日常会話もスムーズにできるようになるのです。ここでは、最低限の文法事項として次の４つを取り上げます（もちろん４つ以外にもありますが、とりあえずここでは４つということです）。語・句・節・文、文型、文の種類、品詞で、これらは文法事項といっても、どちらかと言うと文法

を学ぶ時の前提となっているような基本的な事柄です。英語学習をしている人は必ず一度は目にしているはずですが、その後の難しい英語学習の過程でしばしば頭から忘れてしまっているような事柄です。大学1回生（1年生）の英語の授業で「このような項目をしっかりと説明できる学生は？」と聞くと、手が上がらない学生も少なからずいます。えてして、このような項目がしっかりと頭の中に整理されて認識されていないのに、その後新しい文法を次々と教えられてしまうと、圧倒されて頭の中がぐちゃぐちゃになってしまいます。それで英語が苦手だ、と思ってしまうのかもしれません。ですから目新しいものではないですが、これら4つを英語力向上のために、英語学習の前提としてしっかりと押さえておいてほしいと思います。

　これは後ほど述べますが、言語学や学術英語を学んだり、英語で深い議論をする必要がなければ、日常会話については中学校で学んだ語彙で充分話すことができます。見てください。外国人の子どもたちは日常会話を問題なくこなしていますが、かといって大学入試に出るような難しい語彙を使って話しているわけではありません。これと同様に、難しい文法の細則は日常会話に必要はありませんが、やはり英語の基本を知っておくことは有益です。

4.1. 語・句・節・文の区別

　まず質問をさせてください。皆さんは語・句・節・文の区別の説明と、それに対応する英単語がすぐに出てくるでしょうか。私の説明を読む前に一度自分で考え、口から声を出して説明し

てみてください。もしそれらがスムーズに出てくる人は要点を押さえている人だと思います。そうでない人は特に次の内容を確認しましょう。

　基本的に意味の塊として少ないものから順に、語・句・節・文となります。ここでこれらの例を取り上げますが、日常文でも小説でも参考書からでもよいのですが、私は英語のほかにも聖書を研究しているので、英語の聖書の中から紹介させてもらいます。

　語（Word）は、意味の最小単位で、通常私たちが単語として覚えるようなものです。
　例：I / light / world / purpose / love / life / truth / free
　「私、光、世界、目的、愛、命、真理、自由」。

　句（Phrase）は、意味の関連する単語の集まりですが、主語と述語（動詞）の関係を含みません。
　例：the light of the world / according to his purpose
　「世（世界）の光、彼の目的にしたがって」

　節（Clause）は、関連する単語の集まりですが、主語と述語（動詞）の関係を含むものです。ただし節だけでは文として成立しません。
　例：When he comes,
　「彼が来るとき」

文（Sentence）は、関連する単語の集まりで、これも主語と述語（動詞）の関係を含むものです。ただしそれだけで文として成立し、単独でも意味を成します。次の例文は全体で1つの文です。

　例：ヨハネ4：25

　When he comes, he will explain everything to us.

　「その方が来られるときには、いっさいのことを私たちに知らせてくださるでしょう。」

英文を直訳すると「彼が来るとき、私たちにすべてのことを説明してくれるでしょう」となります。

　例：ヨハネ8：32

　Then you will know the truth, and the truth will set you free.

　「あなたがたは真理を知り、真理はあなたがたを自由にします。」

この例文も、「and」で結ばれた2つの主節で成り立っていますが、全体で1つの文です。この後半の主節でも「will」が使われていますが、当該箇所の文脈から「自由にしてくれるでしょう」とは訳さず、「自由にします」と訳出されています。

　上記の説明で、**語・句・節・文**の区別を知ることが一応できたでしょう。でもこれを知っているだけでは、ほとんど英語の上達には役に立ちません。役に立つには、知っているだけではなく、その仕組を理解した上で、実際に英文を読み、英作文

ができ、喋ったり聞いたりすることができるようになるときです。ここが**上達への第1の通過点**となります。

　ではその意味を考えてみましょう。語については、単語としての意味や品詞を調べ、理解し、重要な単語をできるだけ多く覚えることがいいですが、覚えられないものはそれでも結構です。その後必要に応じて身につけていけばよいでしょう。

　句については、主に名詞句、前置詞句、形容詞句、副詞句等があります。これらの句の種類に関する詳しい説明はここではあえて省略しますが、英文の読解においてはその意味の塊を句（主語と述語の関係を含まない関連する単語の集まり）として、しっかりと見つけられるようになればよいでしょう。

　文については、主語と述語（動詞）をきちんと認識して、文の意味を把握できれば大丈夫です。

　おそらく**語・句・節・文**の中でいちばん厄介なのは、**節**です。英文の読解においても、英作文を作る時にも間違いやすく、英語学習者の中ではこの節と文の区別がよくできないために、苦労している人もいるようです。文のつもりで書いたのに、実は節になっていたりとか、その逆もあります。なぜかと言うと、この2つはよく似ていて、両方とも主語と述語（動詞）の関係を含んでいるからです。この2つの見分け方は、**接続詞がついているかどうか**がポイントです。誤解を恐れないで言うと、基本的に接続詞がついてなければ文で、接続詞があれば節ということになります。ただし、2つ以上の節が接続詞でつながれていて、最後にピリオドがあればそれも文になります。ほら、ここが難しいでしょう。ですから、「第1章 3.3. 簡単な文の使用」

の箇所でも少し触れたことですが、もう少し節の説明を続けましょう。実は節には、主節と従属節という2種類があります。

　主節（independent clause、あるいは main clause と呼ばれる）は、それ自体で**単独の文になることもあります**が、多くの場合、他の従属節と組み合わされて完全な意味を成します。つまり文の構造の一部です。

　従属節（Subordinate clause、あるいは sub-clause と呼ばれる）については、それだけでは文として成り立ちません。何か他のもの、つまり主節を伴って初めてその完全な意味を成します。先ほどの例文を再度見てみましょう（41頁）。

　ヨハネ 4：25 When he comes, he will explain everything to us.

　この例文では、接続詞「When」のついた「When he comes,」が従属節で、接続詞がついていない後半部分が主節です。このように2つ以上の節が接続詞でつながれていて、最後にピリオドがあれば1文になります。そしてこの2つのうち最も言いたいことはこの主節に表現されています。ちなみに付加的な説明ですが、もしここの従属節がなくて、「he」を大文字の「He」にして「He will explain everything to us.」とすると、それでも1文になります。上記の主節の説明で「これは単独の文になることもあります」とはそういうことです。

　学生の英作文では、接続詞がなく、2つ以上の節を並べて書

いてあるものを時々見かけますが、それは文法的に間違いになります。例えば「He comes, he will explain everything to us.」のようにです。

　さらに節の場合、難しい構文になると、幾つもの主語と述語があり、どれが主節の主語と述語で、どれが従属節の主語と述語か分からないという事態が起こる場合があります。ここも英語学習者を悩ませるところです。特に、**長文読解の問題で苦労する点の一因**です。次の例文は、長文ではありませんが、主語となるものが４つ、動詞となるものも４つあります。どれが主節の主語と述語で、どれが従属節の主語と述語かすぐにお分かりになるでしょうか。

　　ローマ 8：28 And we know that in all things God works for the good of those who love him, who have been called according to his purpose.

　冒頭の「And」は前の文からの続きを示す接続詞で、従属節を導く接続詞ではないので、ここでは一応考慮から外します。この文の主節の主語と述語は「we know」で、その知っている内容が「that」という接続詞以下の従属節で説明されています（初学者にはこの「that」が指示代名詞の「that」ではないことを見分けるのも一苦労かもしれません）。この従属節では、「God」、those who の「who」（２つ）が主語の位置にきています。それらに対応する動詞が、それぞれ「works」「love」「have been called」です。ちょっとテクニカルにはなりますが、通常では２つ目の「who」

の前に「and」のような接続詞があるほうが分かりやすいはず
ですが、ここではそれがないので、文法的には先行詞「those」
に関わる関係代名詞の主格「who」が同格として、文につながっ
ています。このように主語と述語をまず見つけ、あとは接続詞
によってどのように文の各部分がそれぞれつながっているかを
見分けることが読解の鍵となります。したがってこの訳文は次
のようになります。

　　ローマ8：28　神を愛する人々、すなわち、神のご計画に
　　従って召された人々のためには、神がすべてのことを働
　　かせて益としてくださることを、私たちは知っています。
　　＊英語の「his purpose」は「神のご計画」と訳されていま
　　すが、直訳すると「彼の目的」でもよいでしょう。

〈コラム１：聖書翻訳上の違い〉
鋭い読者は、上記のように聖書の訳において、時々英語と
日本語の単語や用語が一致していないと気づくかもしれま
せん。実は通常、聖書の翻訳においては、聖書の原語のヘ
ブライ語やギリシア語から、それぞれの翻訳言語に直接訳
されているため、英語と日本語の表現が微妙に違うことが
あります。「第１章 3.4. 言葉の意味が１つだけと思ったら
大間違い」でも述べた通り、言葉には意味の広がりがあり
ますから間違いではありません。

　この聖句は、どんなに苦しくて辛いことがあっても、最終的

には神が万事を益としてくださるというもので、多くのクリスチャンがこの言葉から励ましを受けています。ただし、その苦しくて辛いことが必ずしもなくなることを意味してはいませんが……。この聖句に関連して、次の聖句も思い出されます。東京オリンピック 2020 の競泳種目で活躍が期待されていた池江璃花子さんが 2019 年 2 月に白血病を発症した時「私は、神様は乗り越えられない試練を与えない……と思っています」と SNS で発信していたように、次の聖句は試練の中にある多くの人々を励ましています。

コリント第一 10：13 No temptation has overtaken you except what is common to mankind. And God is faithful; he will not let you be tempted beyond what you can bear. But when you are tempted, he will also provide a way out so that you can endure it. あなたがたの会った試練はみな人の知らないものではありません。神は真実な方ですから、あなたがたを、耐えられないほどの試練に会わせることはなさいません。むしろ、耐えられるように、試練とともに脱出の道も備えてくださいます。

また鉄が熱い火で精錬されて強くなるように、辛くて厳しい出来事を通して人は人として鍛えられていく、とも言われています。

ヘブライ 12：11 No discipline seems pleasant at the time, but

これで変わる！　あなたの英語力！ ―― 英語の環境作りのススメ

painful. Later on, however, it produces a harvest of righteousness and peace for those who have been trained by it.

すべての訓練は、そのときは喜ばしいものではなく、かえって苦しく思われるものですが、後になると、これによって鍛えられた人々に、義という平安の実を結ばせます。

また聖書は、試練や苦難はその時には苦しいものですが、それを乗り越えていくことで人は成長できる、とも述べています。

ローマ 5：3-5

5:3 Not only so, but we also glory in our sufferings, because we know that suffering produces perseverance;

5:4 perseverance, character; and character, hope.

5:5 And hope does not put us to shame, because God's love has been poured out into our hearts through the Holy Spirit, who has been given to us.

5:3 それだけではなく、苦難さえも喜んでいます。それは、苦難が忍耐を生み出し、

5:4 忍耐が練られた品性を生み出し、練られた品性が希望を生み出すと、私たちは知っているからです。

5:5 この希望は失望に終わることがありません。なぜなら、私たちに与えられた聖霊によって、神の愛が私たちの心に注がれているからです。

これらの少し難しい構文も、主語や動詞をしっかりと把握すると理解しやすくなります。その上でじっくりと英文を声に出して、味わいながら読んでみてください（**音読は大事です**）。読むことによってどこで息継ぎをするのか、どこでポーズを入れたら読みやすいか、単語をしっかり発音できるか等、意外なことを発見するかもしれません。このように聖書は、幾つもの箇所で苦難に対する励ましの言葉を伝えています。もちろん聖書に限らず、他の英語の本にも、例えば偉人の言葉として、引用したくなるような素晴らしい言葉がたくさんあります。そういう言葉を始め、長文の読解や素晴らしいスピーチを聞くときも、語・句・節・文を意味の塊として明確に区別できるようになると、読解力やリスニング力が向上し、なおかつ、私たちが生きていく上でのヒントや知恵の言葉を得ることができます。このように語・句・節・文の区別に加えて、**さらに節に関わる構文の仕組みが分かるようになると、着実に英語力が上達してくる**と思います。次項ではそれについてお話しすることにします。

〈コラム2：聖書1〉

ご存じのように、聖書は教会では必携書であり、西洋の国々では文化の発展の礎であり、また言語の習得や教育の分野でも大きな影響を与えてきました。そして今では西洋だけではなく、全世界でさまざまな国の言語に翻訳されています。世界ウィクリフ同盟（聖書の翻訳を推進する団体）から、世界の聖書の翻訳状況の統計が発表された2020年10月時点で、聖書全巻が翻訳されている言語数は、今では700

語以上を超え、新約聖書だけに限ると、その倍の 1500 語以上に翻訳されていると言われています。また 16 世紀西欧の宗教改革を起こしたマルティン・ルターが訳したドイツ語訳聖書は、その後のドイツ語の基本になっていると言われています。そして大体どの国の教会においても、礼拝や集会の中で使用されるため、聖書はその内容や使用される表現が慎重に吟味され、音読しても格調高くなるように翻訳されています。したがって、英語初学者が英語聖書の英文を模範文として真似したり、学習するのに申し分ありません。書店にも「聖書の英語表現」と題するような類の書籍も出ています。またオーディブルな「聴く聖書」や、英語表現をやさしくした子ども用の「Children's Bible」等もありますので、自分の英語力や興味に合わせて、聖書を 1 つの有用な学習教材として使用できるでしょう。

4.2. 文型の把握

さて前項目までで**語・句・節・文**の区別の説明をしましたが、本項目ではその中でも特に**文**の説明をもう少しします。これも、**読む・聞く・書く・話す**という英語の 4 技能の上達に深く関わってきます。ここでは下記のような用語を使って説明します。もちろん文型については、すでにしっかりと理解しているという人は、ここを飛ばしてもらっても結構です。

主語：Subject（S）

動詞：Verb（V）

目的語：Object（O）

補語：Compliment（C）

　これらの中の動詞については、通常は省略形の V を使って説明しますが、より効果的に覚えてもらうために、一歩踏み込んだ省略形を用いたいと思います。動詞には大きく分けて、be 動詞（am, are, is の類<ruby>類<rt>たぐい</rt></ruby>）と一般動詞があり、一般動詞は be 動詞以外の動詞です。でもこの分け方よりもっと重要な分け方として、動詞には**自動詞**と**他動詞**があるのを皆さんもどこかで聞いた覚えがあるかと思います。**自動詞**は「intransitive verb/ verb intransitive」と言い、「vi / v.i.」と省略形で辞書に出てきます。**他動詞**は「transitive verb/ verb transitive」と言い、「vt / v.t.」が省略形です。この 2 つの違いは、簡単に言えば、その動詞が目的語を取るか取らないかです。**自動詞は目的語を取らず、他動詞は必ず目的語を取ります**（さらに次項目「第 1 章 4.4. 品詞の話」も参照）。したがってこの分け方は、文型の仕組みを理解する上でとても重要となります。特に、第 3 〜 5 文型と関わります。

　では本題に入りますが、**英語の基本文型**と呼ばれるものが 5 つあります。どんな英文もだいたいこれらの **5 文型**に沿っていますので、これらを覚えておけば、理論的には必ず文の構造を理解できるはずです。ただし、文型や文法から外れた英文の場合はこの限りではありません。つまり、皆さんが文型的・文

法的に間違ったものを書いたり言ったりすると、誤解をされたり、理解されないことにつながります。少し文型の重要性をお分かりいただけたでしょうか。では実際に、次の文型の雛形と例文をご覧ください。

第 1 文型：主語（S）+ 動詞（V）

Jesus　wept.

S　　　Vi（自動詞）

「イエスは涙を流された。」〈ヨハネ 11：35〉

第 2 文型：　主語（S）+ 動詞（V）+ 補語（C）

I　am　the light of the world.

S　Vi　C

「わたしは世の光である。」〈ヨハネ 9：5〉

God　is　love.

S　　　Vi　C

「神は愛です。」〈ヨハネ第一 4：8〉

第 3 文型：　主語（S）+ 動詞（V）+ 目的語（O）

God　loves　you.

S　　　Vt（他動詞）　O

「神はあなたを愛している。」〈ヨハネ 3：16 から〉

第 4 文型：主語（S）+ 動詞（V）+ 目的語（O）+ 目的語（O）

I give them eternal life.

S Vt O O

「わたしは彼らに永遠の命を与える。」〈ヨハネ 10：28〉

第 5 文型：主語（S）＋動詞（V）＋目的語（O）＋補語（C）

I have called you friends.

S Vt O C

「わたしはあなたがたを友と呼びました。」〈ヨハネ 15：15〉

The truth will set you free.

S （助動詞 +）Vt O C

「真理はあなたがたを自由にします。」〈ヨハネ 8：32〉

　以上が 5 つの文型ですが、これらを知っているだけでは不十分なことは言うまでもありません。大事なことは、これらを自分が使う英文解釈、英作文や会話で使いこなすことです。長文の解釈では、主語、述語をすばやく正確に見つけられることが大切になりますし、また特に喋れないと思っている人は、少なくとも最初の 3 文型くらいは例文で覚えておくとよいでしょう。なぜなら**会話も含めた英作文は、パズル合わせみたいなもので、基本的に文型に単語を選んで当てはめるだけで英語を使える**わけですから。

　もちろん上記の例文は例文にすぎないので、他の自分の好きな例文に変えて覚えてもらって結構ですし、文型の雛形（上のそれぞれの文型の 1 行目）だけを覚えてもらっても結構です。英

語に慣れるまでは、英文を読んだり聞いたり、書いたり喋ったりする時に、頭のどこかでこれらの文型を意識して取り組んでください。慣れてしまえば、自転車の乗りこなしと同じで、意識せずに身体が覚えておいてくれるでしょう。そうすればしめたものです。

<コラム3：聖書2>
聖書は、旧約聖書が39巻、新約聖書が27巻ほどあり、全部で66巻からなっています。時々この「旧約」を「旧訳」、「新約」を「新訳」、つまり古い翻訳版と新しい翻訳版と勘違いする人がいます。最初私もその違いは特に意識してなかったのですが、実は言葉の通り、古い契約という意味でこの「旧約」が、新しい契約という意味でこの「新約」という言葉が使われています。そして、この膨大な聖書、特に英語聖書の中でもいちばん短い1節と言われているのが、上述のヨハネ福音書11：35の「Jesus wept.」です。この「wept（weepの過去形）」は、自動詞ですから、主語と合わせてそれだけで文として成立するのです。興味のある人はなぜ「イエスは涙を流された」のか、ヨハネ福音書11章の物語をご覧ください。また1961年に開館した国立国会図書館の東京本館ホールに「真理がわれらを自由にする」という文が掲げられています。それは、国会図書館は「真理がわれらを自由にするという確信に立つて、憲法の誓約する日本の民主化と世界平和とに寄与することを使命として、ここに設立される」と国立国会図書館法の前文にその基本理念

が書かれているからですが、実はその基になったのが、前述のヨハネ福音書 8：32 の聖句なのです。

[http：//www.ndl.go.jp/jp/aboutus/missionandroles.html]

4.3.　文の種類

前項目で文型の把握を試みましたが、いかがだったでしょうか。ただし同じ文の形でも、実は多面的に見ることができます。それらを知ることで、文型だけからでは分からないことを知ることができます。そこで次は、意味も含めた分類を説明します。これは難しいものではありません。英語学習者ならほとんど知っていることだと思いますので、次の 2 つの分類法を皆さんも再確認として見てください

〈意味による分類〉

①平叙文（Plain Sentence）：普通の文

②疑問文（Interrogative Sentence / Question）：質問をするときに使う文

③命令文（Command Sentence）：命令や指示を出すときに使う文。特徴的なことは、主語が省略され、動詞から文が

始まること。例：「Go in peace.」〈ルカ 8：48〉
「安心して行きなさい。」

④感嘆文（Exclamatory Sentence）：驚きや感動を表す文

例：「What manner of man is this!」〈ルカ 8：25〉【KJV】

「……いったいこの方はどういう方なのだろう。」

そしてこれら 4 つの分類それぞれについて、**肯定文**（Positive Sentence）と**否定文**（Negative Sentence）があります。例えば、平叙文（の過去形）の場合では次のようになります。

肯定文：Jesus wept.

否定文：Jesus did not weep.

前述した「第 1 章 4.1. 語・句・節・文の区別」の箇所でも少し触れたことですが、英語読解、特に長文読解の時にはこれらの知識が大変役に立ちます。つまり、1 文がとても長くて、どういう構造になっているか瞬時に分からない時には、このような文型や文の種類等の知識を用いて、意味の塊を見つけ、もつれた糸をほぐしていくように 1 つひとつ理解していきます。もちろん自分が英作文をするときも、どのような構造の文にするかを決めるときにも役に立ちます。

〈構造による分類〉

①単文（Simple Sentence）： S + V

②重文（Compound Sentence）：S + V {and/or/but} S + V

等位節（主節：Main clauses）が 2 つ

③複文（Complex Sentence）：S + V {that/because…等の接続詞 }
S + V

主節（Main clause）と従属節（Sub-clause）

単文・重文・複文については、「第 1 章 3.3. 簡単な文の使用」で既に説明していますので、詳しくはそちらをご覧ください。

英文解釈や読解問題では、文の構造が分からないと意味を的確にとらえることができません。繰り返しになりますが、文の構造の把握では、接続詞がある場合、それが 1 つの指標となります。以上のように、**語・句・節・文の区別、文型、文の種類というような情報を適宜活用して英語を理解していく**とよいでしょう。スピーキングやリスニングの時も、素早く的確に思い起こすことができるようにすることが大事です。それには英語に「慣れ」て、そういうことを意識せずに自然に分かるようになることが理想的です。

4.4.　品詞の話

品詞は 1 つひとつの言葉（単語）の種類で、通常、英語の品詞は考え方によって 8 から 10 種類に分類されます。

名詞、代名詞、動詞、副詞、形容詞、前置詞、接続詞、（冠詞、助動詞）、間投詞。

最後の間投詞（Wow! Goodness! 等）は、驚き等を表す言葉で知っていて損ではないですが、他と比較してあまり出てこないので忘れてもらっても結構です。上記の 8 つについては、簡単に説明しますが、**使用されている単語がどんな種類の品詞であるか**

が分かればよいので、もっと詳細を知りたい人は図書館や書店にある英語文法書を借りたり購入して見てください。

　名詞は、人 動物、物、場所、考え等を表す単語です。
　代名詞は、名詞を置き換える、または名詞の代わりをする単語です。
　動詞は、動作、事実、状態等を表す単語です。
　副詞は、動詞、副詞、形容詞、文を修飾する単語です。
　形容詞は、名詞、代名詞を修飾する単語です。
　前置詞は、名詞、代名詞の前に置かれて、その意味を限定する単語です。
　接続詞は、語・句・節・文をつなぐ単語です。
　冠詞は、名詞、代名詞を限定する単語です。

　品詞の話と言っても１つひとつの単語で見れば、難しくはないと思います。では、聖書にあるヨハネ福音書から例文を取り上げて、簡単にどれがどのような品詞かを見てみましょう。

　　He was with God in the beginning. (1：2)
　　「彼は初めに神と共にいた。」（直訳）
　「He」は代名詞、「was」は動詞、「with」と「in」は前置詞、「God」と「beginning」は名詞、「the」は冠詞です。この文には修飾する言葉がないので、形容詞と副詞はありません。また２つ以上のものをつなぐ接続詞もありません。
　では次はどうでしょう。人は、時に自分には価値がない、自分のことを大切に思ってくれる人が誰もいない、自分は天涯孤

独だ、と自暴自棄になる時に、「そうではないんだ」という神からのこの言葉を聞くと癒され、希望を与えられる場合があります。

　　You are precious and honored in my sight.（イザヤ書 43：4）
　　「わたしの目には、あなたは高価で尊い。」
　「You」は代名詞、「are」は動詞、「precious」は形容詞、「and」は接続詞です。「honored」は動詞「honor」の形容詞的用法、または過去分詞（受動態）と解されるでしょう。（特に、もし形容詞か受動態のどちらかと尋ねられれば、形容詞になると思いますが、厳密には形容詞化していると言う方が正しいかもしれません。もう1つの理由は、「and」で接続される要素は同じ品詞のものが好ましいという点も挙げられるからです。）

　では、なぜ品詞の話が重要かということをここでもう少し詳しくお話します。「第1章 3.4. 言葉の意味が1つだけと思ったら大間違い」で触れた「言葉の意味が1つだけではない」と言う際には、**品詞**について知っておくととても重宝するからです。まず同じ単語の綴りでも、名詞や動詞があったりします。その場合も前述したように、**文脈の中での使われ方に注意**します。この使われ方は、文型（文の構造）で判断できます。主語として使われていれば名詞、述語として使われていれば動詞となります。それが分かれば、辞書での調べ方もより簡単になります。例えば、「influence」という単語は、名詞として「影響、感化、作用、力、効果、影響力、支配力」、動詞としては「影響を与える、

感化する、支配する、動かす、促す」という意味の広がりがあります。このような意味の可能性から、英文の文型と内容を考えて、最適な日本語を判断し当てはめるわけです。

　さらにこれと関連して、前述したように動詞には自動詞と他動詞がありますが、それがなかなか曲者です。中には、自動詞と他動詞の両方の機能をもつ動詞もありますから、これを見定めるのがちょっと厄介です。試しに、次の英文の動詞はそれぞれ自動詞、他動詞のどちらでしょうか。

　　①　I go to a shop.　②　I eat lunch.

　そうですね。①は目的語がないので「go」は自動詞です。それで、補足的な説明をする「to a shop」という前置詞句（前置詞で始まる句）がなくても文法的には文として成立します。つまり「I go」だけでも文として OK です。②は目的語があるので「eat」は他動詞です。目的語「lunch」がなければ、通常は文法的に文として成立しません。ですから、日頃から**動詞を調べる時には、自動詞、他動詞を意識し、ひと手間かけて単語チェックをしておく**ことが、ある程度英語の上達にもつながっていきます。英語で喋るときも英作文を書くときも、はたして自分の英文が正しいのかどうか、どうも分からないとよく聞きます。そうなんです。英語学習者のあるある話で、自分が話したり書いている英文が正しいのか正しくないのか、確信がもてない段階が必ずあるのです。しかし、このようなひと手間をかけた単語調べを継続していくと、そのような不安も少しずつ解消されていきます。文になる要素が欠けているか、欠けていないかが分かるようになるからです。もちろん、文となる要素が

欠けていれば、正しくない英文ということになります。

　また英語の試験等で、穴埋め問題や間違い探し問題のように、この手のグラマー（文法・語法）クイズをよく見かけます。短文ならば簡単ですが、長文になると正答率が下がります。また長文読解等では、その動詞の直接の目的語を見つけられずに、その長文を理解できないこともあります。これは英語の本や英語論文を読解するような中級から上級の授業でよく聞きます。したがって、たくさんある**動詞の見分け方を知り、他の品詞の用語も含めて語彙力を伸ばしていけば、英語力はその分上達していきます。**

5.　英語に慣れるための応用編

　英語に慣れるにはどうしたらよいかということについて、主に基礎的な事柄についてお話ししてきました。ここからは少し応用的なことも含めてお話したいと思います。

5.1.　語彙力増強：辞書等の活用

　英語力を上達させるには、前述「第1章 3.4. 言葉の意味が1つだけと思ったら大間違い」のように言葉の意味を調べたりする効果的な方法を知っておくこと以外に、なるべく調べる必要がないように、あらかじめ自分の語彙力増強を図っておくことも重要です。この語彙力増強には幾つかの方法があります。英和辞

書を使って最初の頁から最後まで学んでいくという強者もいま
したし、市販の語彙集を買ってきてそれを片っ端から覚えてい
く人たちもいました。例えば、TOEIC や TOEFL の語彙集やそ
の練習問題集、もちろん大学受験のための語彙集等もあると思
います。私が高校生の時代は、「豆単」と呼ばれる豆単語集があっ
たと思います。その際に自分の単語帳やノートを作って繰り返
し覚える練習をする方法もあります。通勤通学の隙間時間にそ
れらを学習したりする人もいると思います。このような方法を
得意とする人たちがいる一方で、苦手とする人たちもいます。
このテクノロジーの進化した時代では「スタディアプリ」のよ
うなアプリを使い、スマホで学習する人たちもいます。おそら
く探せば幾らでも新しい学習法が見つかると思います。

　英語を習いたての人たちや、主に中学校から高校で英語の授
業で教科書を使って英語学習をする生徒たちは、通常言葉の意
味を調べるのに、紙版や電子版（電子辞書）の英和辞書を使い、
英作文をする時には和英辞書を使います。英語に慣れてない段
階ではそれでよいと思います。しかし、ある程度英語学習を経
験してきた大学生レベルでは、英英辞書を使うとさらに語彙力
増強が図れます（英英辞書については後述「第 2 章 2.2.1. 辞書」を
参照）。ちょっと難しい用語で言うと、獲得目標言語の辞書（和
英辞書ではなく、英英辞書）を使用するということです（ここで
の目標言語は英語）。私の英語授業では、1 回生からの英語授業
でもこの英英辞書を使うように推奨しています。なぜなら、英
語の言葉や熟語を英語で説明することを学べるからです。例
えばロングマン現代英英辞典では、「umbrella」は「an object to

use to protect yourself against rain or hot sun」、「umbrella term」は
「a word whose meaning includes many different types of a particular
thing」とあります。このように**英語の言葉を別の英語表現で
説明できることを覚えると、実際に英語で喋る時にはこれが効
果を発揮します**。特に会話の最中に、自分の言いたい適当な言
葉が見つからない時に、簡単な英語で言い換えることによっ
て、話を中断させずにコミュニケーションを取ることができま
す。仮に、先ほどの「umbrella」という言葉が思いつかない時
には、「an object to use to protect yourself against rain or hot sun」
や「when it is raining, the thing we use for not getting wet」とか説
明すれば、また特に傘の形をジェスチャーで示しながら話をす
ると、「umbrella」という単語を知らなかったり思いつかない
時にはよい方法です。私たちも日本語を話すとき、分からない
言葉があれば言い換えて話すのと同じです。このように、**英英
辞書で言葉を調べることによって、自然と語彙力や話す力が向
上していくのです**。

〈コラム4：辞書〉

辞書の冒頭には、辞書の使い方や、どれくらいの数の単語
が収録されているかとか、中には記号を用いてどれくらい
のレベルの単語が収録され、分類されているかとか、その
重要性や頻出性（どれくらいの頻度で英文の中に出てくる
か）等が説明されています。これらの情報によって、やみ
くもに単語を覚えるよりも、学習に強弱をつけて学ぶこと
ができます。特に発音のためには発音記号の説明もありま

すので、できれば見逃さないで、よく学んでください。この発音記号を見ることで、カタカナ英語からの脱却ができ、ネイティブのような発音を真似することができるようになるでしょう。ただし、発音記号を理解して、正しく発音するためには、それなりの訓練が必要となりますが、電子辞書では、丁寧なことに、ネイティブの発音が通常収録されています。耳から慣れるには重宝します。

5.2.　前向きに学ぶ

　英語を学びたい、上達したいという「意欲」と、実際にコツコツと継続的に学習する「勤勉さ」が大切だと述べましたが、それにもう1つ味つけを加えるといっそうよくなるものがあります。それは「**前向きに学ぶ**」ということかなと私は思っています。「前向きに学ぶ」の「前向きに」は、何も英語上達の秘訣だけにとどまらず、人生いろんなことに当てはめることができます。私は、どちらかと言うと、最悪のシナリオを考えて物事に対処しようとするタイプなので、心配性の気持ちが前面にでる性格です。ですから、前向きに考える Positive Thinking は、もともとの性格にはなかったものですが、実は何十年も前にある本を読んで感動し、私も取り入れてみようと思いました。もちろんすべて前向き思考でできるかと問われると、そうでもないかもしれませんが、でもこの考え方をするようになってから、人生が変わってきたことは確かです。ですから、今から述べることは、言わば受け売りです。でも傾聴に値すると私は思うので、まずその具体的な考え方の例を紹介したいと思います。

5.2.1. 若さや美しさを保つ秘訣

今この本を読んでいる読者の皆さんには、おそらく高校生、大学生、社会人、主婦、高齢者等、いろいろな人がいると思います。今でも美人やカッコいい男性もいるでしょうし、これからそうなりたいと願っている人もいるでしょう。たとえそうでなくても、ほとんどの人は、その若さや体力をいつまでも保ちたいと思っているのではないでしょうか。不老不死というのは、人間の永遠のテーマかもしれません。事実、そのような題材を扱った映画や小説、指南書等の書籍を見つけることはたやすいことです。しかし、現実的にはハードルが高いものです。でも、いつまでも若さや美しさを保つ秘訣があるとしたら、皆さんも知りたいと思いませんか。実はそうするための秘密があります。以下の話は、田中信生著「自分を最高に生きる」という本から引用させていただきます。

　　ある先生が、大きな化粧品会社から「女性の美」という題で講演を頼まれた時、勉強してわかったことだそうです。若さや美しさを保つ秘訣は、前向き、肯定的に生きるということだと。その先生は、「皆さん、今日から鏡を見てこう言いましょう」と次のように語りかけました。「まあ〜、なんて若々しい、つややかな顔だわ」。高齢者なら「そんなのうそっぱちだ」と思うかもしれません。しかし、その先生はこう続けます。「でも知ってますか。前向きに生きる人には微笑みが生まれます。微笑は顔の筋肉を13本使

います。これはぐっと若やぎます。でも、あなたが早めに老けたかったら、人生を後ろ向きに生きることです。ほんとに嫌だな、私はもうこんなに老けちゃってと顔をしかめるとき、顔の筋肉は 47 本も使うそうです。これはどっと老け込ませる。もう嫌だ、ほんとに何が前向きよというふうに言っていると、どんどん、どんどん、努力もなしに老けていくそうです。」

　また、九州で長寿学の研究をしていた学者が、日本の千人以上の長生きした人を調べて、その結論をこう出したそうです。元気で長生きした人は人生を前向きに生きているそうです。そして、ご自分の年を聞かれるとこう言うそうです。「おじいちゃん、お年いくつ」「まだ 70」「おばあちゃんはいくつ」「私？　まだ 80 よ」。「まだ、まだ、まだ」と前向きにおっしゃるのです。早めに亡くなられる人はこう言いますね。「あなたいくつ?」「私？　もう 48」「あなたは?」「もう 36」。実は「まだ」と「もう」が人生の分かれ道です。

　如何ですか。皆さんは、この先生の話をどう思うでしょうか。残念ながら、私は自然と「もう」と言っている部類の人間です。もちろん頭の中では「まだ」と言いたいのですが、暑くてだるい時や寒くて着こまないといけない時のように体調が悪い時は「まだ元気だ」とは言えず、この点では「もう歳なんでね」とつい弁明調になります。しかし、人生 1 度きりですから、その学者が言われるように、長生きできるように「まだ、まだ、まだ」と前向きに考えていきたいものです。

5.2.2. 前向きな英語学習

　学生の皆さんは、どう生きてますか。「毎日学校に行かないといけないので嫌だなあ」「勉強をやらされて嫌だなあ」と思っていますか。それとも「この学校に来て幸せだなあ」「ここで友だちと一緒に勉強することができてうれしいなあ」と思っていますか。また「英語で分からないことがいっぱいあって嫌だなあ」と思っていますか。それとも「英語は大変だけど、少しずつ分かってきてうれしいなぁ」と思えているでしょうか。ある意味ここが分かれ目です。別に学校に行かなくても勉強や英語学習はできます。しかしながら、同じ勉強や英語学習をどこでするにしても、前向きな人生と後ろ向きの人生は、学びにおいても違うのです。一方、社会人や主夫・主婦の皆さんはどうでしょうか。「毎日この会社に行って好きでもない仕事をするのは嫌だな」「会社でまたヘマをしたらどうしよう」「毎日毎日炊事、洗濯、掃除、買い物、子育て、誰か代わってくれないかな」と思っているでしょうか。それとも「特に好きな仕事でもないけれど、それをすることによって他の人や社会のために役に立っているみたい」「ヘマをするということはまだまだ自分が未熟なこと。その失敗から学んで、次はいい仕事をしよう」「家事は大変だけど、家族の笑顔や子どもの成長のためには尊い仕事。私はこの仕事のエキスパート。やるっきゃないわ」と思えているでしょうか。仕事と英語習得の両立は難しいけれど、やり遂げたら自分の世界が広がります。時には挫折もするけど、また立ち上がればいいじゃないと前向きな人生だと、同じこと

をしても、また困難なことに直面しても、その意味や結果は違ってくることでしょう。

　そのことを説明するために、ここで1つ例え話を紹介します。この話の設定はあくまでも架空のものです。ただこの話のエッセンスを掴んでもらえたら嬉しいです。これも先ほどの田中先生の本にあった話ですが、少しアレンジをさせてもらって紹介します。

　　昔、日本のある大きな靴販売会社に、2人のセールスマンがいました。便宜的に、AさんとBさんとしましょう。ある日販売部長が、この2人にアフリカの未開の国に靴を売ってこいと、別々に送り出しました。2日ぐらいして、この2人から部長にそれぞれ連絡があり、「**この国の人は誰も靴を履いていません**」と同じ報告をしました。しかし、この事実に対する、その後の2人の対応や態度は全く違ったものでした。もし皆さんがセールスマンだったら、その後部長に何と自分の意見を伝えるでしょうか。一度ご自分で考えてみてください。はい、どのような対応をすることにしましたか……なるほど。では、話の次の展開を見てみましょう。

　Aさんは部長に「駄目です。靴は絶対に売れないと思います。だって、誰も靴を履いていませんから」。ところが、Bさんは興奮してこう言いました。「ここは素晴らしい国です。きっと靴がいっぱい売れるでしょう。だって、誰も靴を履いていませんから」。

前向きと後ろ向きの全く正反対の対応ですね。どうですか、皆さん、一度しかない人生だから、ぜひ前向きに生きてみたいと思いませんか。同じ状況を見ても、前向きに対処するか、後ろ向きで対処するかで、結果は全く違ったものになります。英語学習でも同じです。私の担当する大学生にもいろんな考えの学生がいます。大学に来て英語力を伸ばしたいと思ってる人は、どのようにしたら伸びるかという秘訣を話してあげると自分でどんどん上達していきます。英語を伸ばしたいという動機づけがはっきりしているからです。意欲と勤勉さがあるからです。一方で、ある学生は「先生、なんで英語を勉強しないといけないの。自分は興味ないし、英語を使って働こうとも思っていません」と言います。つまり英語学習への動機づけが**まだない**人たちです。本当なら「じゃあ自分の好きなことや、やりたいことをしっかりとやってください」と言ってあげたいところです。しかし大学に入学した以上、英語学習はつきものです。それで私は、彼らの夢や就きたい職業を聞いて、それと英語学習を結びつけるようにしています。英語が彼らの夢を後押しする方法や、就きたい職業でどのように役に立つのか、具体的にイメージできるようにアドバイスします。そう、意欲や動機づけのヒントを与えてあげられるようにしています。これは何も英語学習に限ったことではありません。数学なんて社会人になったら何にも役に立たないと思っている人たちもいるようですが、それも間違いで、具体的にどのように役に立つのか教えてあげたら、少なからず意欲が湧いてくるでしょう。

でも中には、彼らの夢や就きたい職業と英語学習を結びつけるようなアドバイスをしても、一筋縄ではいかない学生もいます。そういう時、私はこういうふうに話をするようにしています。それは、なんとか大学を卒業して、人生の土台作りをして欲しいからです。

　「あなたが大学生になりたくて（あるいは、大学で勉強したくて）この大学を選び、入学しました。もしかしたら、親に無理やり入れられたのかもしれません。でも受験や応募をしたのは本人ですよね。だからこの大学に入学したのは、あなたの選択した結果です。もしそうでなければ、別の大学を選べたはずです。あるいは進学せずに別の生き方もあったはずです。しかし事実は、あなたが選んでこの大学に来ました。そしてこの大学に入るとあなたの専攻にしたがってすでにカリキュラムが決まっています。そのカリキュラムでは、通常、英語が必修科目で、英語も含めて規定の単位をとらなければ卒業できません。ですから、あなたが英語に興味あるかどうか、それが好きかどうかに関わりなく、英語を学習することになります。もし英語学習を大学生活で避けられないとしたら、前向きに英語にチャレンジしましょう。できれば、楽しみながら英語が上達できるように一緒に頑張りましょう。そのような仕掛けをたくさん用意していますから」。

　私は１例としてこのように答えますが、確かに苦手な英語学習は大変かもしれません。しかし、誰も靴を履いていないから売れないのではなくて、誰も靴を履いていないから今後は売れるんだという前向きな考え方は英語学習にもあてはまるはずで

す。今は英語が喋れないし使えないから学習しないではなく、今は英語が喋れないし使えないから英語学習をするということです。このように、同じ英語学習を遂行するとしても、つまらないと否定的にするのと、工夫して前向きにするのとでは、上達の度合いが全然違います。それはその努力の後に、有益で明確な結果が伴うことを私は知っているからです。もちろんそのことを知っているのは私だけではありません。数多くの人がその英語学習の結果、夢ややりたいことに英語を活かし、活躍をしているからです。たとえ、英語とは関係ない仕事をしているとしても、前向きに英語を学習したという努力や経験やノウハウが、皆さんの人生のどこかで活かされていくはずだからです。

　今皆さんは、英語や外国語をマスターしたい、あの大学に行きたい、パイロットやキャビンアテンダントになりたい、国連で働きたい、教員や研究者になりたい、これからの社会や世界を変えていきたいと思いながらも、でも大変だからやめておこうと諦めている人がいませんか。あなたの将来は、今自分が思い描くようになります。無理だと思えば無理です。できると思えばできます。**できるまで諦めなければできる**のです。前向きに「よし大変だけど、やりがいがあるぞ」と毎日少しずつでも地道に頑張っていると、今に比べて明日にはきっとよい結果がついてきます。そして**最終的なよい結果は、そのような小さな成功体験の積み重ね**です。とりわけ自分の好きなことや得意な分野で仕事ができるってことは、とてもすばらしいものです。

　私は、以前していた仕事や、今は大学で教えることができてとても幸せだと思っています。そのためにいろんな苦労もした

けれど、幸いこの年齢までそれなりに生きてくることができました。それは、1つには私なりになるべく前向きに生きてこうとしてきたからかなと思っています。もちろんいつもそうかと言われると、そうでもないかもしれません。もともと私は、肯定的よりも否定的に物事を考える性格です。楽観的ではなく、言い方を変えれば、前にも述べたように、**予測できる**最悪のシナリオを考えてそれにどのように対応するかを考えておくようなタイプです。この「予測できる」というのは曲者（くせもの）で、予測できない不測の事態も起こりえます。基本的に私たちが合理的に予測できるのは、過去の起こった出来事やその情報があるからです。これは株式市場の動向を予測するエコノミストや経済アナリストの予測を見れば分かります。彼らは過去のデータや出来事を基に将来の動きを一定程度見通すことができます。ただし、当然ながら予測できないことは考慮に入れることができないので、その予想が外れることもあります。突然の震災や、コロナのような感染症のパンデミック、ロシアによるウクライナへの武力侵攻等は、一般人が普通ではそんなことは起こらないだろうというような種類のものです。このような、予測できないことがあるということを知れば、考えれば考えるほど悪いシナリオを考えてきりがなく、負のスパイラルに入り込み、絶望してしまうことがあります。人は絶望してしまうと、生き続けることがとても苦しく難しくなります。またわけの分からない行動をしてしまうこともあります。

　そんなどん底の状態から抜け出し変わるには希望が必要です。私もそれなりに苦難を経験してきましたが、その中でもい

ちばん苦しかったことをお話しすると、それは自分の子どもが本当に幼い時に亡くなった時です。その子は3番目の子どもでしたが、親にとって我が子に先立たれることほど苦しいことはないと感じました。私はその時教会で牧師をしていましたので、自分の子どもの葬式に参列してそれほど日数が経過していない日に、結婚式の司式をし、そこでお祝いの言葉を述べていました。冠婚葬祭は牧師の働きの1つです。とは言え、精神的には打ちひしがれていました。人の人生には様々な試練が降りかかってくることは理解していましたが、でも「なぜ私の子が」と思わずにいられませんでした。その絶望の中でいみじくも耐えることが許されたのは、聖書の言葉に基づく信仰が与えられていたおかげだと思っています。絶望の中に、天国でまた再会できるという希望の光が見えたからです。この出来事を通して、私にとって以前よりも天国がさらに身近なものに感じることができるようになりました。つまり、その希望の光は私にとって単なる慰めや淡い希望ではありませんでした。神の言葉である聖書に、次のような言葉がしっかりと書かれているからです。

　　ヨハネ3：16「神は、実に、そのひとり子をお与えになったほどに、世を愛された。それは御子を信じる者が、ひとりとして滅びることなく、永遠のいのちをもつためである。」

　　フィリピ3：20「私たちの国籍は天にあります。」

　　ロマ5：5a「この希望は失望に終わることがありません。」

　（個別の聖句を文脈から切り離し、その説明なく取り上げることに慎重さを要する点を承知しつつ、本書の趣旨から脱線しないように、

ここでは深い説明は割愛します。）このような希望に支えられた経験があるから、なおさら、自分の弱さを知りながらも、希望をもって前向き肯定的に生きようと努めるようになれたのだと思います。

　皆さんもぜひ、前向きに、肯定的に学んでいって欲しいと願っています。英語学習でも、やはり後ろ向き否定的に取り組むのではなく、前向き肯定的に取り組む方がよい結果が見込めると思います。日頃の挨拶代わりに「今日はどうだい？」と尋ねると、私も含めて、つい「今日は大変だね」「忙しくて嫌になっちゃう」「暑くて調子悪いね」等と言いがちですが、私の元同僚の1人に「今日はどうだい？」と挨拶すると、彼からはいつも「Everyday is exciting! No boring day.（毎日がエキサイティング！　退屈な日ってないよ）」という答えが返ってきます。同じように大変であっても、こう言われると、何となくこちらも頑張ってみようと思えてくるから不思議です。

〈コラム5：諦めなければ夢がかなう？〉
　先ほど本文の中で私が述べた「できるまで諦めなければできる」ということは基本的に間違いないのですが、でもそれは「必ず夢は実現できる」ということと同じでしょうか。この2つの発話は、表現的には微妙な差ですが、実は場合によっては大きな違いとなって現われること、すなわち夢は必ずしも実現できない場合があることを、私は実体験しました。
　「第3章2.2. 音楽」で詳しく後述しますが、実は、私は

音楽が好きで自分でもギターを弾いていました。そうする
と自然と、プロのミュージシャンになりたい、好きな音楽
の分野で活躍したい、という夢をもつようになりました。
しかし、大学 3 回生の頃そろそろ就職も含めて自分の進路
を決めないといけない時期になった時に、自分なりに気づ
いたことがあります。その夢をつかむには、ただギターが
上手く弾けるだけではなく、同時に才能も運ももち合わせ
ていないと難しいことに!! 確かにあきらめずに練習をして
いけば、上手く弾けるようになるでしょう。でも上手く弾
くだけなら、そんな人は周りにゴロゴロいました。でも、
プロのミュージシャンとして成功するつもりなら、自分で
いい曲を作れる（あるいは、作り続ける）才能がなければ、
遅かれ早かれ、いずれどこかでいき詰まってしまうでしょ
う。さらに、いい曲を生み出す才能があったとしても、売
り出すチャンスに恵まれなければ、ヒット曲を世に出せま
せん。才能があっても、運がなかったために、成功できなかっ
た人はたくさんいます。ビッグネームになった人たちによ
ると、よいマネージャーに出会う、デモ曲を作って誰かの
目（耳）に留まる、何かの商品やイベントとタイアップし
て売り出してもらう、あるいはネットにアップしたら火が
ついた等と言います。つまり、才能だけではなく運（個人的
にはこういうことを運とは思っていませんが、一般的な表現と
して使っています）にも恵まれていたと言ってもいいかもし
れません。

　しかし私には、運に恵まれる前に、プロでやっていくだ

けの音楽の才能がないことに気づきました。さあ、分かれ目はここです。できるまで諦めなければ夢は実現できるのか。私の場合は、その夢はハードルが高く実現できない夢なのだ、と諦めがついたのです。もちろんその時は落ち込んだのですが、案外引きずらなくて済みました。それは次に何かしたいことがあったからです。それは突然出てきたものではなく、以前から少しずつ頭の片隅にあったものです。ミュージシャンのようなきらびやかなものではないのですが、自分の人生をかけてもよいと思えるもので、聖書の言葉を伝える伝道者や牧師として働きたいというものでした。それで、大学卒業後少なくとも1年は日本の会社で働いた後、キリスト教の本場ともいえるアメリカの大学院（神学校）で学ぶという方向性が決まりました。その実現には、家族も含めて本当に様々な人たちの助けがあり、今でも感謝しています。

　その後の出来事はある程度「第4章　異文化理解」でお話する予定ですが、私がその経験から言えることは、「できるまで諦めなければできる」ということと同時に、「**場合によっては諦める勇気をもつこと。そしてそこで挫折したままではなく、次に挑戦できる何かを見つけること**」が重要だと思っています。ある意味、私は夢を諦めたのではなく、別の夢に変えただけかもしれません。人生はなかなか自分の思い通りにならないことばかりです。しかし、運に任せるような人生ではなく、ある程度自分でコントロールできる確かな道を歩もうとしたのかもしれません。ただそれも

決して平坦な道ではありませんでしたし、一般の人たちから見ると、それは神に任せるような人生で、理解できないものと言われるかもしれません。ただ私にとってはそれが最善の道だという思いが、聖書の言葉によって示されていましたので、特にその道を疑うことはありませんでした。

5.3. 英語で夢を見る

さて、英語の環境作りが進み、毎日、あるいは週に何度か自分に合った方法で英語に接することができるようになると、だいぶ英語に対する苦手意識がなくなり、英語学習を前向きに捉えられるようになってくると思います。自分がある程度英語に浸れるようになると、少し面白い変化も訪れてきます。スピーキングで英語を喋ろうとすると、自然と口から主語＋動詞＋目的語（補語）といった順番で言葉が出てくるようになったり、リスニングもある程度聞こえるようになったりします。

例えば、10個の単語を聞いて、今まで1つか2つしか聴き取れなければ、その英文を理解することは難しいでしょう。でもだんだんと耳が慣れてくると、2つが3つ、3つが4つ、4つが5つと聞き取りができるようになります。だいたい6割か7割の言葉が聴き取れるようになると、その英文の意味が曲がりなりにも理解できるようになるでしょう。この段階であれば、確信はもてないけれども、おそらくこういうことを言っているのだろうと推測ができます。こうなれば、一応英会話もできるようになります。これは日本語でも同じで、日本語を聴く時に必ずしも100％全部の言葉を聴き取れなくても、意味が分かる

のと同じです。この段階になれば英語がかなり上達したと言えるのではないでしょうか。もちろん100%単語を聴き取れて意味も全部分かれば、確信をもって聴き取りができたと言えます。そうなれば、リスニング力はバッチリです。

　さらに面白い変化は、寝ている間、夢も英語で見ることがあります。つまり、夢の中の主人公や登場人物が日本語ではなくて、英語で喋っているのです。もちろんその時は眠っているので、そのことの自覚はそれほどありません。しかし目が覚めてその夢を思い出せる場合に、「ああ、夢の中で英語を喋っていたな」と述懐するのです。これは不思議な感覚です。それぐらい英語が頭の中に浸透してくると、もう英語脳になっている、あるいは少なくとも英語脳になりかけていると思ってもらってよいでしょう。さらに英語に接して、英語力を伸ばしていきましょう。

5.4.　楽しみながら英語を学ぶ

　英語で夢を見るようになるまでにはどれくらいの期間がかかるでしょうか。残念ながら、これは人によって違うので、一概には言えません。それは英語に接する時間量とある程度比例しているように思います。そこで次章で詳しく述べるつもりですが、英語力を向上させる方法として、日頃から「楽しみながら」英語に接する環境を作り出すことが大切です。往々にして、学習者においては、外国語習得の困難さゆえに、英語の学びを途中で投げ出す人は少なくありません。それは、辛いとか、あるいは途中で苦しくなるからです。英語に接する時間が増えれば

増えるほど、英語力向上の可能性は高くなりますが、苦しいと自ずと英語に接する時間が段々と減少してきます。そして、最悪、英語を見るのも聞くのも嫌いという英語嫌いとなってしまいます（英語学習上の負の連鎖）。それゆえ、**「楽しみながら」英語を学ぶことが上達の近道の１つである**と私はお伝えしたいのです。この「楽しみながら」という意味は、積極的には文字通りの「楽しみながら」の意味であり、消極的には「苦にならない、苦にしない」という意味で捉えてもらったらよいかと思います。そのような方法を自分なりに見つけて、それを継続していくことが英語上達に繋がっていくでしょう。

YOU ARE PRECIOUS
AND HONORED
IN MY SIGHT.

第 **2** 章

英語上達の方法

Chapter 2:
How to Improve Your English

HOPE DOES NOT
PUT US
TO SHAME.

THE TRUTH
WILL SET
YOU FREE.

「まえがき」でも述べたように、英語の上達には、**読む・聞く・書く・話す**という４大技能をバランスよく伸ばすことが大事です。そのためには**英語に慣れる**ことが必要です。英語の上達は頭のよさとはそれほど関係なく、実は慣れなんですね。誰でも時間をかければ英語は上手くなります。ただし、漫然と時間をかければよいというわけでもありません。このことをもう少し詳しく説明しましょう。

1.　学校・大学での学び

　英語に「慣れ」るにはどうするか。もちろん私の提案は**「英語の環境作り」**です。実はこれの１つについては、日本人の私たちは小さい時から無料でこの環境を手に入れています。英語を学ぶにはそれなりのコストがかかります。英語教材や教えてもらう先生等に指導の対価として支払うものが要ります。ただ幸いなことに、ほぼ全ての日本人がそのコストを自分で払うことなく英語を学べる素晴らしい環境があります。そうです。学校での学びです。

　私が子どもの頃は、英語授業は中学１年から始まりました。現在は小学校の低学年から英語授業が取り入れられています。現在では親の年収による教育格差が生まれ、ちょっとした社会問題になっていますが、そこでは誰もが家庭環境に関係なく、仮に最低限であったとしても一応皆が平等に英語に触れる機会

が与えられています。皆が平等にという場合、教える小学校教員の先生方がいちばん大変かもしれません。自分が受け持つクラスのほぼ全科目を教えるわけですが、最近ではそれに加えて英語授業もしなければなりません（今は教科別制度を取り入れている所もあるようですが）。中には英語の得意な先生もいるかもしれませんが、多くの先生が英語を喋るのに苦労し、自分でも苦手意識を持っている英語を、子どもたちに教えなければなりません。ただ教えるだけでなく、さらに皆が平等に同じような教育を受けるためには、それなりの教育力とクラス運営能力が先生には求められます。きっと「英語なんて要らないのに」と思っている小学生もいると思います。だからとても大変だと思います。ぜひ、小学生には英語に楽しく触れる機会を提供してあげてほしいと思います。

　いずれにしても、このように以前の時代よりも、今は英語を学ぶ環境が整えられつつあります。まずそのような環境を最大限に生かしてほしいと思います。ただそういうところでは、学習指導要領にのっとって英語授業を行いますから、教員側にそれほど自由に楽しみながら英語授業を提供することは難しいかもしれません。しかし、工夫して魅力的な英語授業をしている学校もありますので、そういう所に入学することも１つの方法かもしれません。

　私は大学で教えているので、カリキュラム・ポリシー（教育課程編成・実施の方針）にしたがって英語授業を行います。大学の英語授業に関して言えば、簡単ではありませんが、具体的には次のような英語の環境作りができるように思います。本書の

読者全員に当てはまるものではないので、簡潔に参考として挙げておきます。

① 充実した必修英語科目の提供（自主学習の指導も含む）とその履修
② 魅力ある選択英語科目の提供と履修
③ 提携大学が提供する英語科目の推奨と履修
④ 一般海外留学（短期・長期）
⑤ 課外活動を通じた方法
    （a）e-learning
    （b）国際学生（一般的な留学生のこと）や在日外国人との交流
    （c）Seminar/Symposium（セミナー / シンポジウム）や国際会議への参加
    （d）各種英語資格の取得
    （e）ニュースや、映画・スポーツ・音楽鑑賞等の趣味を通した英語の環境作り
    （f）英語系サークル活動への参加

　具体例①と②は、主に学生の英語ニーズや英語レベルに応じて、スキルベース（英語技能中心型 —— 英語の４技能を高める）、コンテントベース（内容重視型 —— さまざまな内容を英語で学ぶ）、あるいはプロジェクトベース（課題解決型 —— 課題を設定して英語を用いながら解決する）等の授業形態で行い、正課授業として位置づけられます。具体例③と④では、単位互換の正規交換留

学や、個人的な私費留学があります。具体例⑤は、主に学生が主体的に、自律的に学習することを想定しているものですが、もちろん大学側がこれらを準備し、学生に提供することも可能です。このように大学生は、様々な方法で正課授業や課外活動として英語に触れる機会を作ることができるので、無限の可能性があると言えます。必修英語科目を除けば、これらを自分のものとして選ぶかどうかは、もちろん学生本人次第です。

　上記と関連して、この大学での英語教育がどのように提供されているか、日頃一般の人が知らないようなことをお話したいと思います。通常皆さんの情報では、英語の先生が前もってその日の授業の準備をし、その準備にしたがってクラスに行って授業をするだけだと思っていると思います。もちろん単純に言えばその通りです。しかし、実際はそれほど単純ではありません。というのも、大学や学部には総合的な人材育成目標があり、その目標を達成するために、どのようなカリキュラムを全体的に組むかというようなカリキュラムポリシーがあり、さらにそのポリシーにしたがって、英語プログラム全体の教育目標が決まります。さらにその教育目標が決まると、そこからどのような英語科目を提供するかを決めていきます。「えっ、英語科目は１つで充分じゃないの」と思う人もいるかもしれませんが、「まえがき」でも述べたように、英語の上達には、**読む・聞く・書く・話す**の４技能をバランスよく伸ばすことが重要です。そのため提供する英語科目には、４技能を教えながらも、１つひとつの技能に焦点を当てて、そこを重点的に伸ばす科目も用意

します。例えば、読解力を伸ばすリーディングクラス、人の話や講義を聞く力を伸ばすリスニングクラス、英作文や1つのトピックについてまとまった記事や論文を書くというライティングクラス、あるいは会話力・ディスカッションスキルやプレゼンテーションスキルを高めるスピーキングクラス等、それぞれの技能に応じた英語科目を提供するのです。前述したように、これらは、技能（スキル）を伸ばすために英語を学ぶ科目なのでスキルベースの科目とも呼ばれます。そして、これらの技能が向上していくにしたがって、あるいは、すでにそれらをある程度習得している学生のために、コンテントベース科目と呼ばれる、様々なトピックや内容（コンテンツ）を（重視して）英語で学ぶ科目も用意します。学校関係者や受験生に配布される学部案内によると、現代的な諸問題を取り扱う私の所属する産業社会学部は、「社会学を中心に、政治・経済・文化・教育・心理・社会福祉など多様な学問分野の理論と実践を学ぶ」学部なので、それらを英語で学ぶ科目も展開しているというわけです。

　ただここで考慮が必要な点は、学部には、英語に対する学習意欲もそれぞれまちまちで、様々な英語レベルの学生が入学してくるということです（私の所属学部の新入生定員は2022年現在810名）。したがって、それらの学生を十把一絡げに教育することはできません。そこで上記のような科目の幾つかを、入学生全員が受講すべき必修英語科目として提供するには、基本的に英語の習熟度レベルに応じてクラス分けをすることになります。そして必修英語科目を習得した後は、それぞれの興味や将来設計に応じて、英語の選択科目を受講してもらうことになり

ます。私の所属学部では、英語副専攻プログラムやグローバル
スタディプログラムに、主に英語の選択科目を置き、「国際理解」
の促進と「国際比較」の視野を培いながら、系統的に英語を学
べるようになっています。

　このように、英語の先生が前もって準備した授業プランにし
たがって英語授業をするだけでなく、学部全体が英語教育に関
わっていることをお分かりいただけたかと思いますが、準備は
これらだけに限りません。これは英語科目に限らず、どの科目
についても言えることですが、科目を適切に提供するためには、
事務室、つまり職員も大きく関わっています。立命館は教職協
働が進んでいます。つまり教員と職員がそれぞれの立場から1
つにまとまって働き、学生がこの大学に来てよかったと思える
ようなよい教育の提供を目指しています。少なくとも私はそう
思っています。そのよい例として、こういうことがありました。

　学部が時代の要請に合わせて、カリキュラム改革を計画し、
その大枠を決める大事な会議があった時の話です。その会議で、
私は教員側を代表して、このような英語科目をこのような方法
で準備したいと意見を述べた時、職員側の担当者から、主にシ
ステム的、つまり運用上の課題からそれには賛成できない、と
の反対意見が出ました。そこで次の会議までに、その担当者も
含めて関係者と何度も打ち合わせをし、与えられた条件やリ
ソース（人的・時間的・施設的・経済的リソース等）の中で、最終
的に皆が折り合える一致点に到達できました。

　その後その担当者と話す機会がなく、しばらくしてその担当
者が職場異動になりました。しかし、ある会議が開催される際、

廊下でばったり出くわしました。その時その担当者が私に次のように話しかけてきました。「あのカリ改の会議の時、先生に反対をして申し訳ありませんでした。先生が気を悪くしているのではないかと少し心配していました。」私はびっくりして、「いやあ、そんなことは全然ありませんよ。学生のために最善の教育を提供したいという同じ目標に向かって、お互いがそれぞれの立場から意見を述べていただけなので、気にしていません」と答えました。その担当者は「よかった〜、そうですよね」と笑顔で返してくれました。実際もし私が気にしていれば、私の方も相手が気を悪くしているのではないかと心配しないといけませんが、それはちっともありませんでした（それは私が鈍感なだけかも ― 笑）。このように立命館では、教職協働するようなよい雰囲気があり、実際的な話、教員側だけで英語教学を動かすことはできず、職員側の力と知恵が必要なのです。

2. 中学生くらいから大人までの 英語の環境作り

　前項では、大学生を主な対象の1つとして述べましたが、実はその中には一般の人たちもチャレンジできるものも少なくありません。ここでは、それらについてもう少し踏み込んで説明してみたいと思います。ただどのように、どこまでそれらの方法を採用するかは年齢によって変わってきますので、自分の年

齢に合わせて取捨選択し、自分の英語の環境作りをしてみてください。

2.1. 各種英語教室・講座

　皆さんもご存知かと思いますが、学校教育以外で英語（語学）を学ぼうとすれば、民間（及び公立）の英会話教室やスクール、あるいはラジオやTVの英語講座というものを思い浮かべるのではないでしょうか。もちろん民間の英語教育産業で学習しようと思えば、その対価を払わなければなりません。私が子どもの頃からもそういう場所は幾つもありましたが、高度経済成長期の前ですから、一般の人が通って英語学習をするには少し経済的なハードルがあったと思います。今は塾や習いごとに教育費をかけることが、一般家庭でもできるようになってきたので、大手のチェーン店を始め、かなりの数の英語や英会話の学習施設で腕を磨くことができるようになりました。皆さんの周りでも、見つけることは容易かと思います。

　そういう学習施設に行かない人たちの理由は、もちろん経済的な理由だけではなく、時間的な理由や物理的な理由で通うことができない場合もあると思います。幸いなことに、日本ではラジオやTVの英語講座を（少々のテキスト代を払う場合とテキスト代もいらない場合がありますが）誰でも視聴することができます。中には私の生まれる前から放送されているものもあり、定評のあるところです。子ども用には「セサミストリート」や「ひらけ！ポンキッキ」等もありました。ですから、英語の環境作りの一端をこういうメディアを使って無料でもできます。

番外編としては、近くに米軍基地があるような地域だと、英語の放送があり、その恩恵を受けることができたようです。中には英語や音楽・映画等、西洋文化に興味のある人は、基地の周りの飲食店や娯楽施設で働きながら、あるいは、それこそ楽しみながら英語を身につけていった人たちもいるようです。今では、基地の周りでもなくても、イングリッシュパブやカフェ等、自分の興味にしたがって英語上達に関する場所を見つけることも可能となってきました。興味のある人はググってみてください。

2.2.　e-learning（e ラーニング）

　e-learning とは、いちばん最先端の英語の学び方の１つでしょう。パソコン・スマホ・タブレット等の情報デバイス（機器）を使い、スタンドアローン（そのデバイス単体）で使用するか、インターネット（ネット）を常時使って英語の力を伸ばしていくものです。始め方は、自分の使用するデバイスに英語学習を提供するアプリ（アプリケーション・ソフト）を入れます。この入れることを、インストールと言います。無料でインストールできるものと有料でインストールできるものがあります。内容も使い方も千差万別です。また日々新しいものも出てきます。

　スタンドアローンの場合は、一度インストールすれば、そのあとはネットを使わずにデバイス単体で使用できます。ネットの通信量を節約できる、あるいはネットの通信環境がなくても学習ができます。ただそのためには、学習のコンテンツをデバイスに全部インストールする必要があるので、デバイスの空き

容量が少なくなります。最近のデバイスは大容量になっているので、そういうものを持っていれば、あまり心配することはないかと思います。また利点は、24時間いつでもどこでも、あるいは隙間時間にパッと開いて学習ができるので、忙しい人や学習を自分でコントロールしていきたい人たちに向いています。

　インターネットを使って学習するアプリについても、始め方はスタンドアローンと同様ですが、この場合は学習をするためには、常にネットに繋げている必要があります。またアプリを全くインストールせずに、必要な時にのみ英語サイトに行って学習できるものもあります。これらは、当然ネットの通信環境がなければ使えませんし、使うたびに通信量が増えていきます。ただ5G（や6G）が普及してくれば、通信料も下落傾向にありますので、それほど心配することもないかもしれません。もちろん、始める前に、自分のスマホやパソコンのネット環境の契約条件を確認しておくことをお薦めします。利点は、学習方法がほぼ無限にあるということで、自分の好みや趣味、英語学習の目的に合わせて自由に選べることです。

　入手方法は、それぞれのデバイスで検索し、なるべく自分の条件に合うふさわしいものを選ぶことになります。例えば「英語学習アプリ」「英語学習アプリ無料」「英語学習アプリランキング」「英語学習アプリパソコン」等のキーワードを入れて検索するとたくさん出てきます。ネット通信環境があれば24時間いつでも（どこでも）学習可能です。中には、外国の英語講師とリアルタイムで会話できるものもあるので、生の英語に触

れることもできます。ただしこの場合、時間の縛り（開始時間や終了時間）がある点に気をつけてください。それでも講師を選ばなければ、自分が学習したい時間に対応できる講師がいれば、それも問題にならないと思います。

これらの英語学習アプリについては、多くの会社から様々なアプリがすでにでていて、TVやラジオ、ネットでも宣伝されており、しかも次々と新しいものもでてくるので、読者の皆さんが自分に適したものを見つけてもらうのがよいと思います。

ちなみに、英語学習を進める上では、英語学習アプリだけではなく、色々な「お役立ちサイト」がネットには溢れていて、英語学習の目的に応じて利用できる環境が整っています。これにも有料・無料のものがあります。そういう情報も含めて私の所属する学部では「外国語学習ハンドブック」というガイドブックを作成し、学部の新入生全員に配布しています。ここでは、主にそこからの情報（2022年当時）を「お役立ちサイト」として、以下少し紹介したいと思います。

2.2.1. 辞書

前に話しましたが（第1章 5.1. 語彙力増強：辞書等の活用）、まず英語を使うにはある程度の語彙力が必要です。その時に役立つのが辞書です。初学者は英和辞書で、単語の意味を日本語で確認することになります。ネットでも「英和辞書」と入れて検索すれば、goo辞書、Weblio辞書、英辞郎等の辞書の情報が出てきます。自分のデバイスに合わせたものを選ぶとよいでしょう。そうして少し英語が上達してきた人たちに私がお薦めした

いのは、英英辞書の使用です。主に次のようなものがあります。

Merriam Webster, Online Dictionary

[http://www.merriam-webster.com/]

Oxford Dictionaries Online

[http://www.oxforddictionaries.com/]

Cambridge Dictionaries Online

[http://dictionary.cambridge.org/]

MacMillan Dictionary

[http://www.macmillandictionary.com/]

Collins Online Dictionary

[http://www.collinsdictionary.com/]

　英英辞書の利点は、英語の単語を英語で説明しているので、理解できれば自然と語彙力が増えてくることです（語彙力増強方法）。また前述したように、実際の英会話の途中である単語を忘れた時等は、英英辞書にあるように分かりやすい英語でそれを言い換える（説明する）習慣がつけられるので、私の学生には、英語レベルにもよりますが、ほとんどの学生に英和辞書よりも英英辞書の利用を薦めています。

　もちろんここの e-learning の項目では、それに合わせたものを紹介しましたが、時には紙版の辞書も重宝します。雑学の読み物にもなります。有名なもの、よく使われているものは書店にあるので、実際に手にとって確かめながら購入することもできます。次のような辞典です。

オックスフォード現代英英辞典

ロングマン現代英英辞典

コウビルド英英辞典（Collins Cobuild Learner's Dictionary）

2.2.2. 英語情報・学習総合サイト（英語）

少しでも英語が上達してきたら、次のような英語情報・学習総合サイトにもチャレンジできます。ここも先ほどの「外国語学習ハンドブック」から紹介したいと思います。

単語学習ゲームサイト [http://www.manythings.org/]
ハングマン、クロスワード、クリプトグラム、パズル等を用いて語彙学習を楽しみながらできるサイト。

Wordable [http://wordable.co/?lang=ja]
頻出単語を楽しく学べるアプリ。

Quiz your English
[https://www.cambridgeenglish.org/learning-english/
games-social/quiz-your-english/]
世界の英語学習者と対戦できる英語クイズアプリ。

Write & Improve [https://writeandimprove.com]
ライティングを学べるサイト。

Self-Study Quizzes for ESL Students [http://a4esl.org/q/h/]
クイズ形式による文法、語彙、イディオムの総復習ができるサイト。

Karin's ESL PartyLand [http://eslpartytown.com/hostess.html]
語彙・文法・Reading・Listening・Writing・Speaking の 4技能をレベル別に学ぶことができるサイト。

TESL/TEFL/TESOL/ESL/EFL/ESOL Links

[http://iteslj.org/links/]

外国語としての英語を学ぶための問題集で、4技能以外に、ペンパル、生徒のプロジェクト、異文化理解等の情報を入手できるサイト。

〈主に Listening 用〉

NHK 国際放送　[http://www.nhk.or.jp/rj/index_j.html]

CNN　[http://edition.cnn.com]

CBC　[http://www.cbc.ca]

BBC　[http://www.bbc.co.uk/]

BBC 学習者サイト

[http://www.bbc.co.uk/worldservice/learningenglish/]

VOA Special English　[https://voaspecialenglish.blogspot.jp/]

1,500語でやさしい文構造の最新ニュースを、ナチュラルスピードの80％で聞ける英語放送サイト。スクリプトも入手でき、比較的聞き取りが苦手な人に最適なサイト。

New York Times Learning Network

[http://www.nytimes.com/learning/index.html]

定評のあるニューヨークタイムズが、小学校6年生から高校3年生用に公開しているサイト。VOAを卒業した人に向く中級者用サイト。

National Public Radio 米国公共ラジオ局

[http://www.npr.org/]

米国の公共放送。毎正時に更新される最新ニュースに加

えて、長年愛聴されている Morning Edition や All Things Considered 等の人気番組があるサイトで、上級者向き。

ラジオジャパン　[http://www.nhk.or.jp/rj/]

その日のニュースが 22 カ国語で聞ける。日本語で内容を把握してから目標の外国語で聞くと、比較的容易に聞き取ることができるサイト。

English Language Listening Lab Online　[http://www.elllo.org]

ビデオインタビューや音楽等を使って、クイズ形式でリスニング力を磨けるサイト。

〈主に Reading 用〉

週刊 ST　[http://st.japantimes.co.jp]

最新ニュースを注釈付きで読むことができる。同時に 2 種類の速度で音声（ノーマル・スロー）を聞くこともできる。他に、新着語彙、エッセイ、翻訳情報、リスニング、クイズ、パズル、留学情報等があるサイト。

リーダーズダイジェスト　[http://www.rd.com/]

米国で TV ガイドの次によく読まれている雑誌で、米国の文化や人々の関心がわかるサイト。

Yomiuri On-line / The Japan News　[http://www.yomiuri.co.jp]

日英両国語で 2 つのサイトを対照して、社説と編集手帳を読むことができる。論説文やエッセイライティング等に役立つサイトで、上級者向き。

Project Gutenberg　[http://www.gutenberg.org/]

著作権の切れた古典や歴史的文書を、無料公開しているサ

イト。1999年末までに3700件が公開されている。速読ソフトや音読ソフトを組み合わせて使うと、効果があがるサイト。

ギネスブック公式サイト

[http://www.guinnessworldrecords.com]

人間や自然界の様々な現象をとらえたサイトで、あらゆる分野のトピックに慣れ親しむことができ、語彙力もつくサイト。

〈映画〉

Drew's Script-O-Rama　[http://www.script-o-rama.com/]

映画の台本を集めたサイトで、映像と照らし合わせてセリフの意味を勉強したり、セリフの練習をしたりできるサイト。

IMDB　[http://www.imdb.com/]

究極の映画情報のサイトで、あらすじ、心に残るセリフ、登場人物、配役、クイズ、写真集、ロケ地等、あらゆる情報が満載されているサイト。

最新映画予告編　[http://www.eonline.com/]

映画総合情報　[http://www.imdb.com/]

映画スクリプト　[http://www.script-o-rama.com/]

2020年度以降日本でもコロナの感染拡大防止の観点から、e-learning の利用が飛躍的に伸びました。初等・中等・高等教育でのオンライン遠隔授業です。これももちろん e-learning の

部類に入るでしょう。

　また番外編として、ユーチューブ（YouTube）やポッドキャスト（Podcast）等で、好きな英語のコンテンツを見ることも英語の環境作りにはよいでしょう。

2.3.　英語コミュニケーションを助けるテクノロジー

　技術の進歩といえば、最近は目を見張るものがあります。前述したように、いろいろなテクノロジーを使って、英語習得の方法も少しずつ変わってきています。それで、これらの進歩によって、もう英語学習とかは必要なくなると述べる人たちも出てきているようです。確かに AI の進化によってすべてのものが便利になり、今まで人が手を掛けてしていた仕事や業務を、自動でもっと効率的に早く処理することができるようになってきました。そうなれば、テクノロジーや機械を使って英語でコミュニケーションを取れば充分であると考える人たちが出てきてもおかしくはありません。ただ本当にそうでしょうか。完全に進化し、様々な状況に AI が自動で全てに対処できるような時代がくればそうかもしれません。しかし、現在はまだ進化する余地があるようです。ここでは、テクノロジーの進化と英語学習、およびその限界について考えてみたいと思います。

2.3.1.　ポケトーク等の翻訳機

　前述のように、最近ではテクノロジーの進展によって便利なものがいろいろと出てきました。少々の出費を覚悟しなければなりませんが、時間やリソースが限られる中では、これらを活

用することもありかなと思います。例えば、ポケトークを始めとした小さくて携帯できる翻訳機は、英会話があまりできなくても、海外に行った時や外国人のお客さんを迎えるお店等では重宝するでしょう。私もどんなものか試しに購入して使ってみましたが、なかなかの精度で英語から日本語、日本語から英語と瞬間的に翻訳してくれるだけに限らず、他の多くの言語にも対応して翻訳してくれます。2021年に開催された「東京オリンピック2020」の時にも多く用いられたそうです。蛇足ですが、これらの翻訳機には、ちょっとした英語練習機能も付いていて、使いようによってはこれらだけでも英語力の向上がある程度期待できます。

2.3.2. 翻訳アプリ

またパソコンやスマホでは、Google 翻訳、DeepL 翻訳、Excite 翻訳等、短文や段落、あるいは文書を丸ごと翻訳作業をしてくれるウェブサイトやアプリがあります。以前はとんちんかんな翻訳結果が出てきたりしていたようですが、最近ではだいぶ精度が上がってきているようです。ある程度意味が分かればよい、ちょっとした翻訳ならば、わざわざ料金を払って翻訳会社に頼まなくても、基本的に自分で、無料でできるようになりました。また中には学生に、これらの翻訳サイトやアプリの使い方を教える英語教員もいると聞いています。

ただしこれらのツールも万能ではないことを知っておくことは重要で、目的によって使い分けることが必要でしょう。なぜなら次のような幾つかの制約的な理由があるからです。

①　必ずしも正確な翻訳ではないことがあり、また言葉遣いにも難がある時がある。

②　電池の消耗や、WiFi 環境が貧弱な所、翻訳機、パソコン、タブレットやスマホの故障がある場合には、物理的に使用できない。大事な場面で使用できないことを考えておく必要がある。

③　特に話者の意図が理解されずに、直訳的な翻訳結果が出ることがある。もちろんこれはこれらのツールに限ったことではなく、私たち人間のコミュニケーションでも時々誤解が起きるのと似ていますが……。

④　英語運用能力の向上を妨げる。

①については試してみればわかりますが、翻訳する前の元々の文章があやふやだと、もちろん正確な翻訳は出てきません。また「て、に、は、を」が変な場合もあります。言いたいことが整理されてなかったり、ちょっとした手続きに使う（専門）用語がわからない時には、少し苦労するかもしれません。

②については、電池の消耗や機器の不具合は前もってしっかりと準備と対応をしておけば問題ないのかもしれませんが、突然の故障はどうしようもありません。また海外でトラブルにあい、解決したいような大事な時や使いたいのに使えない時は途方に暮れてしまいます。

例えば、私が海外に留学や旅行で行った時に、ちょっとヒヤッとした出来事がありました。国土の広いアメリカでは、航空網は日本でのバスや鉄道網のような役割を果たしています。時々

（ロナルド・レーガン・ワシントン国際空港）

　1日で2〜3回飛行機を乗り換える場合もあります。私もそのような機会があったのですが、その日はあいにく天候が荒れていて、飛行機の運航に支障が出ていました。確かデトロイトの空港だったと思いますが、乗っていた便が少し遅れてそこに到着しました。それに加えて、予定では次に乗る搭乗便がすでに空港で待っているはずでしたが、これも悪天候のためにまだ到着していませんでした。そうすると、玉突きで次々と多くの飛行機の到着や発着の変更をせざるを得ない状況になっていました。おかげで空港スタッフやお客で空港内はてんやわんやの大騒ぎでした。私にとっては異国の地のことなので、その混乱はなおさらです。それに拍車をかけたのが、度重なる搭乗口の変更と出発時間の変更です。通常は、発着情報をインフォメーションボードで見れば分かるのですが、その時はもうそれは当てにできません。空港内では、矢継ぎ早に航空便の発着情報の変更がアナウンスされています。幸い私はその情報を聞き取ること

ができ、搭乗口を探して広い空港内を歩き回りました。ただ搭乗口に行っても正確な情報の案内ボードは出ておらず、右往左往していると、また搭乗口変更のアナウンスが聞こえてきました。その変更のたびに移動しました。最終的には、無事に次の到着地へ向けた飛行機に乗ることができましたが、自分である程度英語力があることは重要だなとその時に感じました。いくらよい翻訳機があっても、役に（訳に）立たなかったでしょう。

　③　「特に話者の意図が理解されずに、直訳的な翻訳結果が出ること」について述べると、ここまでテクノロジーが進化してくると、もうテクノロジーではできないことはないのではないかと考える人も出てくるかもしれません。一面ではそうですが、やはりまだ万能ではありません。日本語での会話や教育現場でも、コミュニケーションにおける誤解は後を絶ちません。これは英語のコミュニケーションにおいても同様です。これは残念ながらまだテクノロジーでもすべて解決できません。したがって、最終的にはこのテクノロジーを人間がどう扱っていくかということになるでしょう。

　例えば、実際生活の中で、全く同じ言葉や文章を使っても、使われる状況や文脈によって文章（発話）の意味が変わることがあるからです。簡単に4つぐらいその例をあげてみましょう。

　(a)「今、外では歩けないほど大雪が降っているよ」という
　　　発話

　もし東京に下宿している学生に、北海道の親が電話で外の天候の状況を話している場合、これは単なる情報の伝達と理解できます。ところが、全く別の状況で、「ちょっと近くのスーパー

で牛乳とパンを買って来て」と親に頼まれた子どもが、その答えとしてこのフレーズ「今、外では歩けないほど大雪が降っているよ」を使うと、「行けない、あるいは行きたくない」という拒否の意思表示になります。翻訳アプリでこのフレーズを英語にそのまま訳すだけでは、「今は行けない」とは訳すことができません。

(b)「私は試験のために勉強しなければならない」という発話

友だちの1人が友人に今日は何をする予定かと聞くだけであれば、普通の会話の中の字義通りの意味となります。しかし、友だちが「今晩映画に行こう」と誘った時にこのフレーズを答えとして使うと、断りの意思表示になります。翻訳アプリでは、字義通りに訳すのみです。

(c) 先生が学生に「私だったら、明日までにしっかりと宿題をやってくると思いますよ」という発話

普通であればこれは単なる先生の個人的な意見の伝達と受け取れますが、状況によっては、これは忠告となったり、命令調になったり、あるいは最悪の場合、滅多に無いかもしれませんが、警告（最後通告）になる場合も考えられるかもしれません。

(d)「Hanako is a pig.」という発話

文の構造と1つひとつの言葉の意味だけからでは、この発話の完全な意味はわかりません。翻訳アプリなら「花子は豚だ」とおそらく訳すでしょう。これが翻訳アプリの限界です。前述のように、最終的にはこのテクノロジー（翻訳結果）を人間がどう扱うかということが求められます。例えば、これが字義通

りでなく比喩的表現だと人が理解すると、意味がわかるのです（花子は太っている）。それでも問題は、いつ比喩でいつ比喩でないかを、どのように見分けるかという点が残ります。もしかして、話し手が「花子という名前の付けられた豚」について語っていたという場合、比喩ではなく字義通りの意味となります。このように、文の構造は全く同じなのに意味が違うという現象が実際には起こりえるので、「特に話者の意図が理解されずに、直訳的な翻訳結果が出る」、つまり今のテクノロジーではまだ限界があると述べたわけです。ただ今後のテクノロジーの進化によって、そのような限界もなくなってくるかもしれませんが、それにはやはり人間による研究が必要です。

〈コラム６：語用論と私の研究〉

同じ発話文を使っても状況によってその意味が変わるという現象と関わることですが、私の専門分野の１つは、このような言語分析を行う言語学の一分野である語用論です。語用論は、主に会話や物語（の文脈）において言語（言葉や発話）がどのように機能しているかについての研究と私は個人的に考えています。このような観点から、私のもう１つの専門分野である新約聖書、特にヨハネ福音書も研究しています。換言すれば、２つの専門分野で研究していることになります。とは言え、正直なところ、研究をすればするほど、芋づる式に自分が知らないことがまだまだたくさんあることに気づかされます。それは博士論文を執筆している時に感じたばかりではなく、今でもそう感じます。ある

これで変わる！　あなたの英語力！　── 英語の環境作りのススメ

ネットの辞典では、研究とは「物事を詳しく調べたり、深く考えたりして、事実や真理などを明らかにすること。また、その内容」とありますが、なかなかそれを究めることは容易ではないというのが、率直な感想です。基本的に研究者は１つの分野で活動している場合が多いようですが、私の場合は２つの分野なので、尚更そう感じるのかもしれません。あの有名な理論物理学者のアルベルト・アインシュタインもこう述べたそうです。「学べば学ぶほど、自分がどれだけ無知であるか思い知らされる。自分の無知に気づけば気づくほど、より一層学びたくなる。」

④ 「英語運用能力の向上を妨げる」については、「アレッ」って思う読者もいるかもしれません。翻訳アプリ等は確かに便利でそれを上手く使えたとしても、自分の英語力をあげるには妨げとなる場合があります。なぜなら、英語で喋ろうとするときも英作文を作ろうとするときも、自分の力で英文を作っているわけではないからです。英語を聞く時も同様です。翻訳アプリ等で人の話を日本語で理解しても、ずっとそれに頼っていれば、自分のリスニング力が向上することはありません。つまり、このようなアプリやサイトに頼ってばかりいると、自分の力で英語を作文する力や読解する力、喋る力、聞く力が弱くなるので勧められません。**英語力向上のために**英語を勉強している人たち、あるいは英語科目を履修している学生は、自分のためにこれらのテクノロジーの利用を控えるべきです。むしろ、時間と労力をかけてでも自分の力で英文と格闘するほうが、英語力は

確実に向上するからです。

　以上のように、英語学習に関わるテクノロジーが及ぼす功罪について述べてきましたが、基本的には、**テクノロジーを使う長所や短所を理解した上で**、**自分の英語上達に効果が出るように用いる**ことはよい方法だと思います。その意味で言えば、日頃の生活の中で英語に触れるようにする１つの方法として、パソコン、タブレットやスマートフォン等の普段自分が使っている機器の言語設定を英語にしてみるのも一案です。つまり、どうしても英語を使わなければならない環境を作るのです。前に「英語は慣れ」だと言いましたが、こうすることによって毎日使うもので英語に慣れていけるのです。もちろん最初は戸惑うかもしれませんが、あきらめずに使っていると、自然と英語の設定に慣れてくると思います。

　さて、テクノロジーも含めてここまで述べてきたような様々な方法を使って、自分の英語力が伸びてきたなと感じたら、誰でもその学んだことを使ってみたいですよね。言わば英語のインプットだけではなくて、アウトプットももちろん大切です。でも周りを見渡しても、自分の周りに英語を話せそうな人がいない場合も多いでしょう。学校で少し英語を学んだからといって、日本人の友だちと英語を話そうにも、恥ずかしさが先に立って、なかなか実行に移せない人も多いと思います。日本であまり話すチャンスがないとすれば、じゃあ海外に行ってみるのもよいかもしれません。近年ではコロナの影響であまり思うよう

にいきませんでしたが、最近ではその制限もかなり緩和されてきています。様々なメディアでは海外旅行の楽しさや素晴らしさを宣伝していて、誰でも機会があれば1度は行ってみたいなと思っているのではないでしょうか。ではどんな形で海外に行けるのでしょうか。次はこのことについて私なりに整理をしてご紹介します。

3. 海外での滞在

　楽しみながら英語を学ぶ、そして英語の環境作りを手っ取り早くできるのは、費用的な面を特に考えなければ、英語を公用語としている国に滞在することがまず考えられるでしょう。なぜなら、そういう国で時間を過ごすということは、何をするにしても24時間の英語の環境に浸ることになるからです。その滞在の仕方にも幾つかあって、長く滞在すればするほど英語が上達する可能性は高くなりますが、まずより手軽な短期滞在の方から取り上げてみましょう。

3.1.　英語を話す国への短期滞在
3.1.1.　弾丸ツアー
　時々TVのバラエティ番組で、現地滞在が1日未満で、行き帰りの飛行機の中で宿泊するという企画がありました。またTVの企画ではありませんが、会社員や学生が週末を利用して

羽田空港発着で海外旅行に行くというツアーもありました。もちろん、これだけ短い期間だと英語習得はほぼ無理ですが、動機付けの1つにはなるでしょう。別の国へ行った体験があると、「あ〜言葉がもっと喋れれば、さらに楽しかっただろうなあ」という記憶にでもなれば、また行ってみたいという願望につながり、その願望を満たすために、これからしっかりと英語を学びたいと思うでしょう。ちなみに、この短期の時には、先ほど紹介した翻訳機等は重宝するでしょう。

3.1.2. 海外旅行

これはもう皆さんもよくご存知で説明の必要は特にありませんが、現地へ行って数日から時には数か月行くものまで様々にあります。主に観光目的で、特に語学を高めようとするものではないかもしれませんが、異国の文化・観光資産に触れ、現地の人たちと交わるということは、自然と楽しみながら英語に触れることになります。時間と経済的な余裕がある人には打ってつけかもしれません。もちろん、1〜2週間の旅行では英語習得は難しいでしょうが、別に英語を喋れなくても、周りが全部英語ですから、少なくとも英語のリスニング練習にはなります。もしそれ以上にカタコトでもコミュニケーションが取れたという経験をすれば、今後の英語の学びに活かせるものとなるでしょう。

さらに、数か月の長期の海外旅行ともなれば、現地で生活するということを通して、リスニング力やスピーキング力は特に上達するでしょう。前にも言いましたが、「英語は慣れ」です

から、生活の中で慣れていけば、それなりに英語を使えるようになります。日々の日用品・食事の買い物や、レストランやファーストフード店での外食は英語を使うよい機会となります。簡単な旅行記録等のライティングや新聞等のリーディングについては、本人がそのことにどれだけ時間を取ったかによって、英語への慣れの度合いも変わってくるでしょう。

3.1.3. 出張

　仕事の出張で海外（英語が公用語である国々）へ行く場合は、否が応でも英語を使わなければなりません。ですから、必死で学ぶので、単なる旅行で行くよりも上達は早いでしょう。しかし同じ出張でも、英語が苦手だから嫌だなあと思って日々を過ごすのと、英語は大好き、あるいは今は苦手だけど、この絶好の機会に英語を使えるようになりたいと思う意識の違いは、その後の英語習得に少なからず影響があるでしょう。確かにいろんな不安や心配もあるでしょうが、よい機会だと捉え積極的に行動すると、思わぬよい発見もすると思います。しっかり頑張ってみてください。

3.2. 仕事で中・長期滞在

　仕事の関係で海外へ行く場合、出張のように短いものもあるでしょうが、会社の駐在員のように、何ヵ月もあるいは何年も海外へ滞在する場合もあるでしょう。出張の項でも話しましたが、前向きに英語を使えるようになりたいと思う気持ちが大切です。そうでもしないと、英語を話さなければ生きていけない

長い滞在期間は、いわば拷問の期間にもなってしまいます。そうすると生活どころか、仕事も手につかなくなるでしょうから、その駐在生活は悲惨なものとなるでしょう。もっとも必要に迫られて派遣される以外は、もともと英語力の低い社員を行かせる会社は少ないでしょうが……。一方、この24時間の英語環境を絶好の機会と捉え、自分から積極的に話しかけていく、分からない言葉や表現は辞書を引き、人に尋ねたりして貪欲に吸収していく、英語ばかりの環境だからこそ、仕事ばかりでなく、コミュニティイベント、文化イベントやスポーツイベントを通してその滞在生活を楽しもうと意識する人は、おそらく上達が早いでしょう。仮にお金の余裕がなくても、しばしば週末に開催されるフリーマーケット（一般の人たちや業者が自分の品物を持ち寄って売り買いをする市場）や、滞在する近くでガレージセール（自宅のガレージで不用品を売ること）があれば、地域を知る、会話を楽しむ、という意味でも、ちょっと覗いて見るのは楽しいかなと思います。時には珍しい物（レアな物）をお得にゲットできることもあります。実は、普通の人にはできない特別な海外経験をしているわけですから、その機会を無駄にしないようにしましょう。

3.3. 海外留学

　このように海外での滞在形態には、いろんなものがありますが、英語習得という目的でいちばん的を得ているのは、おそらく海外留学でしょう。これにも様々な種類があります。

3.3.1. 短期語学留学

　これについては、おそらく最低でも1週間以上からの期間になると思います。これ未満では、短期の海外旅行とほとんど変わらない可能性が高いからです。ですから、短期語学留学と言うならば、1週間以上から1ヵ月未満のものを指すでしょう。プログラム的には、受け入れ先の語学学校で、ウェルカムとフェアウェル（さよなら）パーティー（行事）が最初と最後にあって、その間を授業で語学の学びに費やし、加えて時間の許す範囲で課外活動やエクスカーション（教育・文化・歴史・スポーツ・社会福祉施設・テーマパーク・アミューズメントパーク等の訪問）をしながら、英語の上達を目指すものです。学生は夏休みや春休み、仕事をしている人は仕事の一環で行く場合と自費で休暇を取っていく場合、それ以外の人はそのような機会を取れるときに、英語の上達のために行くようです。

3.3.2. 中期・長期語学留学

　前述の短期とは違いもっと腰を落ち着けて海外留学をすることを、中期・長期留学と言えるでしょう。中期の場合は、日本でいう1学期の間、おそらく3か月以上から半年未満、長期の場合は、それ以上で時には数年間留学することになります。それぞれ自分の目的、時間、資金の許す範囲で留学期間を決めることになります。ただ、長期の場合、長くなればなるほど、それはもう語学留学の範疇を超えることになり、（小さい時から）大学までの教育を受ける、あるいは海外生活をするという位置

づけになるでしょう。大学卒業以降であれば、主に専門分野を研究する大学院や研究所所属となり、専門性を身につけるということになります。短期や中期留学では、専門性よりも日常会話やちょっとした語学の上達が第1の目的とされるようですが、長期留学ではそれを越えて、専門用語や専門概念を使って自説を説明したり、他の研究者との対話が求められるので、楽しく英語を習得するという本書の目的からは外れることになります。それでも部分的には楽しく英語に接する工夫をすることもできます。もしこのような中・長期の（語学）留学の機会があれば、ぜひ挑戦してみてください。

3.3.3. 海外生活や異文化環境の中での落とし穴

長期で海外生活をする人の中には、もちろん移住をした人たちも含まれるでしょう。そういう人たちは、ネイティブと同じぐらいの語学力をつけることも可能となります。ただここに落とし穴があって、いくら異国の地で長い期間を過ごすと言っても、その環境を充分に生かさなければ語学力を伸ばせない場合もあります。その典型的な例は、異国の地でも日本語を話す人たちとだけ交わるのであれば、それは日本に居る環境とあまり変わりません。「英語は慣れ」と言いましたが、英語に慣れる環境ではないからです。せっかく海外に居るのですから、英語上達のためにこれは避けましょう。加えて、実はこの落とし穴は、海外だけに存在するのではありません。「えー！」と思う人がいるかもしれませんが、日本でも考えられます。

今は日本においても、英語で授業が受けられる大学が増え

てきました。特にスーパーグローバル大学（SGU, 英語では Top Global University）を推進する国立や私立大学にその傾向が強くなってきています。今私は、このスーパーグローバル大学の1つである関西の立命館大学で、主に英語や言語科目を教えていますが（執筆時）、所属の産業社会学部の必修英語科目や英語副専攻プログラムの科目は、基本的に英語による授業です。**英語を学ぶ**だけでなく、**英語で**（社会や専門の）内容を学ぶという授業です。立命館大学では、最近新設されたグローバル教養学部のすべての授業は英語が主体ですし、国際関係学部や文学部を始め、他学部にも英語だけで授業が受けられるプログラムが少なからずあります。そのような英語の学習環境の中、先ほどの「落とし穴」について、私の経験からお話します。

　私が立命館大学で教える前は、大分県別府市にある、同一法人が設置する立命館アジア太平洋大学（APU）で教えていました。ご存じの人もいるかもしれませんが、この大学は学生数の半分強が日本人学生で、半分弱が海外からの留学生で構成され、しかもキャンパスが自然豊かな山の上にあります。そうするとこのキャンパスに行くと、ちょっとした別世界です。日本にいて海外留学をしている気分になれます。2022年5月現在では94か国以上の国々・地域から留学生が来ていて、日本語とともに、キャンパスのいろいろなところで日常的に英語が使われています。そんな環境に居ると、不思議なことに日本人学生がまだ英語をよく喋れなくても、喋れるような気分、つまり**錯覚**に陥ることがあります。特に1回生等は、最初はこの光景に戸惑いながらも、だんだんとこの環境に「慣れて」きます。この大学が

語学の習得にも力を入れ、語学関係の修得単位数も多いことも
あって、日本人学生は英語に対する苦手意識がだんだんと薄れ
てきます。これはとてもよいことですが、先ほども言ったよう
に気をつけていないと、実際にはまだ充分に英語を使いこなせ
ないのに「英語を喋れるような錯覚に陥る」場合があるのです。
そうこれが落とし穴です。その結果、もう自分は充分に英語を
使えると過信し、日頃の英語の学びをおろそかにすると、日常
会話と授業で使う英語（Academic English）の違いもあり、最悪、
単位を落とすこともあります。では、このような錯覚に陥る学
生と、そうではなく英語が確実に上達していく学生の間に、何
か違いがあるのでしょうか。（写真：山上の APU キャンパス）

　おそらく日々英語に接している状況はそれほど変わらないの
かもしれませんが、実を言うとその接し方の方法やその程度に

個人差があるのです。英語の環境に置かれていても、その環境を充分に生かしきれているかどうかということです。私は「英語の上達には、英語の環境作りが重要」と皆さんに伝えていますが、当然その中の意味には、その英語の環境作りをしたらそれを日頃から使い、活かして行くことが重要です。環境要素で錯覚に陥った学生は、自分はある程度英語が出来るのだから、それほど頑張って学習する必要はない。もっと別のことに時間を使いたいと思い、知らず知らずのうちに、英語学習時間の減少や英語学習の中身が薄くなってくるかもしれません。特に1～2回生時に集中的に英語を学んだ日本人学生が、3～4回生時は英語で学ぶ授業数が減ることや、就活その他でキャンパスに来る回数が減り、英語に触れる機会が少なくなると、途端に語学力が落ちてくる場合があります。私がAPUにいたのは、かれこれ15年以上前なので（執筆当時）、そのような状況はもう変わっているかもしれませんが、現在教えている大学でもその傾向（3～4回生時に英語力が落ちてくる傾向）をしばしば見ます。

　他方、英語の環境作りをしたら、それを日頃から使い活かしていく学生の語学力は落ちないと言ってもよいでしょう。ずっと英語に触れているからです。その内容も、日頃から留学生と英語で話し、英語で学ぶ授業を極力取るようにし、自分で意識的にさらに英語を伸ばそうと思っているからです。立命館大学やAPUのよい所は、そういう語学力向上のための環境を見つけようと思えば、それが可能な点です。例えば、国際寮があり、日本人学生と留学生が寝食を共にすることができます。あ

るいは、日本人学生と留学生がお互いに助け合うバディシステムやサークル活動を共にできます。また、2022年5月現在では世界の75か国・地域、498の大学・研究機関と協定を締結し、交換留学をはじめとした学生や教員の交流、研究交流を進める等、英語力を伸ばす素晴らしい環境が他にもあるので、工夫次第でいろいろなことにチャレンジできるのです。

　いずれにしても、もし皆さんも、ある程度英語でコミュニケーションが取れるようになれば、次は語学上達が主目的ではなく、英語を通して何かの目的を達成する、英語で共同作業や仕事をするというようなステージに移行し、ますます英語を使える人になれるように取り組んでもらえたら素晴らしいですね。

　これで変わる！　あなたの英語力！ ── 英語の環境作りのススメ

YOU ARE PRECIOUS
AND HONORED
IN MY SIGHT.

第 3 章

日本でできる英語の環境作り

Chapter 3:
Creating an English
Environment in Japan

HOPE DOES NOT
PUT US
TO SHAME.

THE TRUTH
WILL SET
YOU FREE.

さて英語習得には英語を話す国への中期・長期滞在がおススメと言いましたが、海外に行くのは英語力を伸ばすのにはいいなあと思いながらも、やはり時間的、経済的、気力的、身体的、物理的等、いろんな意味で難しいなあと思う人たちもたくさんいるかと思います。しかし、ちょっと待ってください。外国に行かないと英語習得ができないかというと必ずしもそうではありません。私が大学で教える前に自分で英会話教室を開いていた時、子どもさんを子ども英会話教室に連れてきたお母さんがいました。この人は外国に1度も言ったことがないのにしっかりと英語でコミュニケーションができる人でした。聞くところによると、英語が好きで、自学自習で英語をある程度使えるようになったということでした。そうなんです。英語を話したい、習得したいと言っても、全員が外国に行ったりすることはできません。その場合、**いかに日本における自分の生活の中で「英語の環境作り」ができるか**が、1つのポイントとなります。要は、英語に関して日本にいても外国で過ごしているのと同じような環境を自分で作り出せばよいのです。「それがやっぱり難しいんだよな〜」と言われることがありますが、意外と思っているほど難しくはありません。最初から24時間英語の環境を作るとは思わず、自分のできるところから少しずつ始めたらよいのです。自分の英語レベル、自分の生活サイクル、自分の興味、自分が継続して続けられる許容範囲に応じて、自分にあった方法を見つけてもらうとよいと思います。ではそのような具体的な方法の例を幾つか紹介しましょう。

　これで変わる！　あなたの英語力！──英語の環境作りのススメ

1. ズボラさんでも出来る英語の環境作り

　本書を読んでいるほとんどの皆さんには、趣味や特技がおありだと思います。「いや〜そんなものはないよ」と言う人でも、好きな物や活動が何かあるはずです。「私はズボラで、何か努力するとか、頑張るとか苦手なんだよな〜」と自己分析している人もいるかと思います。でもそんな人でも、ボーっと TV を観ていたり、何も考えずに畳の上やソファーに横になってまどろんでいたりするでしょう。そう、実はそれも英語のリスニングの方法の 1 つとして使えるんです。畳の上やソファーに横になってまどろんでいる時、何か英語に関するものを流しておいてください。TV で放送している英会話番組（NHK 教育番組や民放）や英語でのニュース（NHK の夜 7 時からのニュース等の第 2 音声は英語）、あるいは英語の FM 放送等をかけっぱなしにしておいてください。最初はそんな番組を探すのが面倒かもしれませんが、面倒なのはそれだけです。「え、そんなんでいいの」と思うかもしれませんが、そんなんでもいいんです。これは耳を英語に慣れさせるという効果があります。英語のスピード、イントネーションやアクセントを意識しないうちに身体に覚えさせるのです。もちろん、意識しないということなので、それほど苦にはならないと思います。ただ意識しないがゆえに、短期間ではなく、（1 日何時間そのようなことができるかにもよります

が）長期間に渡って継続することは必要かと思います。

　もちろんこれはズボラさんでなくても大丈夫です。何かをしながらでも、この「ながらリスニング」をすることによって耳を慣らすわけですから、例えば、食事の準備や料理、皿洗い、掃除、洗濯等の家事をしながらでもできます。家でDIYや工作、集中の邪魔にならなければ、何かの勉強中でも構いません。要は、外国にいれば、意識しないうちに（街中やTV・ラジオ等）周りからどんどんと英語が聞こえてくるのと同じようにするだけです。もちろん、TVだけではなく、ラジオやユーチューブに代表されるインターネット、あるいは英語の歌詞付音楽を聴くのでも構いません。

2.　自分の趣味や特技を活かした 英語の環境作り

　趣味や特技がある人については、さらに積極的に英語の環境作りができるでしょう。読者の皆さんの多くは、様々な趣味や関心をお持ちだと思います。たいていの人は、映画が好きだったり、音楽・美術・演劇・ミュージカルの鑑賞が好きだったりします。別に好きではないけれど、見ているのが全然苦にならなければ問題ありません。また、野球・サッカー・テニス・バスケットボール・バレーボール・ハンドボール・ゴルフ・水泳・体操等のスポーツをすることが好きな人はたくさんいますし、

実際にそれをしなくてもそれらを見るのが好きな人は、それこそいっぱいいます。さらにファッションや、小説・伝記・ミステリー・詩・歴史・マンガ・情報雑誌の読み物が好きな人、歴史的な建築物や最新の構造物を見ることを好きな人たちもいれば、旅行好きな人たちもいます。もちろん「食」に興味を持っている人たちもいます。今ではeスポーツやダンスも大人気です。このような例は尽きることがありません。

そこでおススメしたいのは、そのような自分の趣味や関心、好きなものを通して英語を好きになることができる方法です。そのようなものを通して英語に触れていくことができれば、だんだんと英語に対する苦手意識も薄れていきます。そこのあなた、「本当かよ」と疑っていますか。楽しみながら英語が上達するのであれば、よしとしましょうよ。では、具体的に、幾つかの項目を取り上げて、どうすればいいか提案していきます。

2.1. 映画

まず映画が好きな人、特に洋画が好きな人はしめたものです。今でもハリウッド映画が全盛期ですが、ご存知の通り、通常ハリウッド映画の言語（原語）は英語です。方法としては幾つかあります。

①全く英語が分からない人は、字幕か吹き替えでまず楽しみましょう。その後その映画が気に入ったならば、映画館で、あるいはビデオを借りたり、ネット映画配信サービスを通して、英語で再度見直してみましょう。その際、もちろん吹き替えではなく、英語だけで見てください。内容が一応分かっているの

で、英語に慣れるために何度も好きなだけ見てください。そうすることで、初回の鑑賞よりもいろいろな情報が入ってきます。素晴らしいワンシーンに気を取られたり、役者の表情や言葉遣い、映像美に心を奪われるかもしれません。もちろん１本の映画を何度も観ることが効果的ですが、それでも飽きてきたら他の話題作を見ることにしましょう。

　②ある程度英語が分かる人、実はある程度分からなくても英語の素養のある人（たいていの日本人は〔小学校や〕中学校から英語を学んでいます）は、字幕や吹き替えに頼らず、最初から英語だけで見てください。何度も見ていると、そのうち自分の知っている単語が幾つか出てきているのに気づき、記憶を探りながら、意味を推測していきます。それを繰り返していくと、視覚情報と合わせて映画のあらすじを理解していくことができるでしょう。英語だけで内容が大体分かったと言えるようになれば最高です。

　③ある程度映画の英語が分かってきたら、さらに上達するために、英語のセリフの**聞き取りや書き取り**をすることは有益です。書き取った英語を**自分で訳し**、それを字幕の英語と比べてみるとさらに面白いことを発見できるでしょう。なぜなら、これは吹き替えにした日本語でも同じですが、字幕は映画の場面の長さに合わせて内容を変えずに省略したり、意訳をしたりしないと、到底その場面に与えられた時間内に処理できない（内容を伝えられない）からです。かなり古い映画になりますが、映画鑑賞後、皆が主人公の如く強くなったように感じたブルース・リー（Bruce Lee）の「燃えよ！　ドラゴン」の中で、リーが城

壁のような壁を格好よく登った時、それを見た登場人物の1人が「Spiderman!」（スパイダーマン）と叫ぶシーンで、字幕では、日本のTV番組で当時人気のあった「月光仮面！」とでていた記憶があります。映画の中でスパイダーマンを説明している時間はありませんし、随分昔の話なので、まだ日本ではスパイダーマンよりも月光仮面のほうの知名度が高かったからでしょう。

　また、日常会話で使えるクールな英語表現を映画から学ぶこともできます。恋愛映画の中で、主人公たちが交わす甘酸っぱい英語表現。中には粋な落とし文句もあったりします。また映画ターミネーターでシュワルツェネッガー（Schwarzenegger）が使った「I'll be back（戻ってくるよ）」は、中座して自分の席に戻る際に今でも冗談気味に使う人がいます。

　このように、ぜひ自分で好きな映画を見つけて、英語に触れてみてください。別に集中して見るだけではなく、先ほども述べたように、日常生活で片付けや掃除や、食事の準備、ぼやーっと過ごしているときに、後ろで映画を英語でかけっぱなしにしておくことで耳を慣らしていくと、リスニング力が少しずつでもついていきます。これも英語の環境作りの1つです。

　またハリウッド映画に限らず、ヨーロッパ等の洋画もたくさんありますが、さすがに西洋はギリシア文化やキリスト教文化に影響を受けていますので、それらを題材にした洋画もたくさんあります。アメリカ映画の黎明期には、特に視聴者を獲得するために、聖書を題材とした映画もたくさん作られたようです。その結果有名なアカデミー賞には、聖書的な映画がノミネートされたり、実際に受賞したりしています。**聖書の登場人物や物**

語を描いたものや、聖書の内容をヒントにした映画が数多く製作され、一大ジャンルになっているようです。「キリスト教関係映画」「聖書と映画」等のキーワードでネット検索してみてください。十戒（Ten Commandments, 1956）ベンハー（Ben Hur, 1959）インディ・ジョーンズ レイダース（Indiana Jones Raiders of the Lost Ark, 1981）ターミネーター2 (The Terminator 2, 1991）天使にラブソングを（Sister Act, 1992）シャーシャンクの空に（The Shawshank Redemption, 1994）スターウォーズ（Star Wars, 1997 ～）スーパーマンリターンズ（Superman Returns, 2006）沈黙 ― サイレンス ―（Silence, 2016）等、様々な映画から喜怒哀楽を味わったり、質の高い映画で感動を得られるだけでなく、英語も学習できるとしたら素晴らしいですね。また言葉は時代とともに少しずつ変化していきますから、時代とともに映画で使用される英語や言葉遣いの変化に気づけるとそれも面白いと思います。

2.2. 音楽

英語に「慣れる」方法を本書で幾つも紹介していますが、「Love English」の姿勢は英語力向上に役立ちます。つまり**英語を好きになることが、英語上達の早道の1つ**でもあります。まさに英語を好きになって途中で英語学習を諦めなければ、英語は上達します。私は自分の学生に「Do not give up!」と伝えることがあります。どんな夢でもよいですが、夢を追う人が途中でその夢を諦めたら、その夢の実現はその時点でなくなります。夢をつかんだ人は途中で諦めなかった人です。諦めなければ可能性は残るのです。人がもし何かを諦めたら、その時点で向上はな

くなります。当たり前といえば当たり前なのですが（この点については前述の「コラム5：諦めなければ夢がかなう？」も参照）、英語も同じで、苦手なうちは英語を好きになれる方法を、意識的に日常生活の中に取り入れていくことができればよいと思います。

　その意味で、音楽は「Love English」にとっては宝庫です。私も音楽が大好きで、ジャンルを問わず、よいものはよいので何でも聞きます。特にジャズ・ロックやフュージョンが大好きです。年齢を重ねてくると、静かなアコースティックな音楽やボサノバといった音楽も心地よくなってきました。もちろん英語学習のためには英語の歌詞付の音楽を使うことになりますが、題材に事欠くことはありません。実は私が楽しみながら英語に触れることができたのは、音楽のおかげです。このことについて、少し話をさせてください。

　私は、中学生ぐらいから、姉や友だちの影響で、音楽を好きになり、特に洋楽を聴くようになりました。最初は、サイモンとガーファンクル（Simon & Garfunkel）ビートルズ（The Beatles）やカーペンターズ（Carpenters）を聞き始め、「アメリカントップ40」のようなラジオ番組から流れてくる（格好よくて）新鮮な音楽に魅了されていきました。その頃は、もちろんダウンロードミュージック、ストリーミングミュージックやCDもなかったので、前述のようなラジオ番組を毎週のごとくカセットテープに録音し、何度も聞き直していました。そうすると自然と自分も何かの楽器を弾きたいと思うようになり、手っ取り早そうで、脚光を浴びやすいギターを始めることにしました。初めはフォークギター（アコースティックギター）で、その

次はエレキギターと進みました。最初の難関と言われる F という
バレーコード（人差指で 6 弦全部を押さえて音を鳴らす）も、幸
い練習しているうちにできるようになりました。私の高校時
代は 1970 年代で、ロックやポップスが盛んで、1980 年代も続
けてロックが全盛期の真只中にいて、その間レッドツェッペ
リン（Led Zeppelin）ディープパープル（Deep Purple）グランド・
ファンク・レールロード（Grand Funk Railroad）エアロスミス
（Aerosmith）ボンジョビ（Bon Jovi）等のヘビー / ハードロックを
始め、ピンクフロイド（Pink Floyd）イエス（Yes）キング・ク
リムゾン（King Crimson）エマーソン・レイク & パーマー（Emerson,
Lake & Palmer）カンサス（Kansas）ボストン（Boston）等のプログ
レッシブロック（Progressive Rock）、エリック・クラプトン（Eric
Clapton）ウィッシュボーン・アッシュ（Wishbone Ash）クイーン
（Queen）といったブリティッシュロック（British Rock）、またイー
グルス（Eagles）ドゥービーブラザーズ（The Doobie Brothers）アース・
ウインド & ファイアー（E W & F）レーナード・スキナード（Lynyrd
Skynyrd）等のアメリカンロック（American Rock）に没頭しました。
そうこうしているうちに、高校 3 年時は友だち 3 人とバンドを
組み、校内文化祭で演奏したのを覚えています。ただ英語の曲
も練習はしていましたが、文化祭では英語の歌はチャレンジで
きずに、その時は日本のフォークやニューミュージック、例え
ばオフコース等の歌を披露していたと思います。

　大学に入学すると、軽音楽部に所属し、数人の友人と一緒に
また音楽グループを作り、私はボーカルとサイドギターを主に
担当して、そこで本格的に（？）英語の曲を歌うようになりま

した。サイドギターといっても、私の若い頃は楽譜もそんなになく、出版されていてもレコード購入が優先でした。そのため楽譜なしで覚えるために、いつもコードやフレーズを耳コピしていました。実は、**英語の習得にも共通するのですが、まず模範を真似する**というのがとても大事だということが後でわかりました。そのためには、文字通り何十回、何百回と聞き直すのですが、好きなので苦になりません。またボーカルなので、英語の歌詞を覚えることになりますが、やはり好きなものなので、苦にならず、楽しみながら自然と英語に接することができました。その時多くの外国人歌手たちが、単語を1語ずつ発音するのではなくて、単語の最後の音と次の単語の最初の音を繋げて歌っているのに気付きました。なるほどそうか、と思いながら、自分もマネをしてみると、なんとそれらしく歌えるようになってきました。そういう中で、ちょっと驚いたのが、ビリー・ジョエル（Billy Joel）の歌い方で、彼は歌詞を流すように歌うのではなくて、結構1語ずつはっきりと歌っていました。「ストレンジャー（Stranger）」というヒット曲はその最たるもので、少し違う意味で衝撃を受けました。力強く荒々しく歌っているようにも聞こえましたが、発音がはっきりしているので、気持ちよく聞けていました。一方、「素顔のままで（Just the way you are）」というラブソングでは、流れるように優しく甘酸っぱく語りかけるような歌い方が印象的でした。もちろん、自分のアマチュア・バンドで演奏する曲は、私の好きな曲ばかりではなく、他のバンドメンバーの嗜好もあること、また時には客にウケそうな曲を選曲する必要もあったので、色々なジャンルの曲を歌っ

ていました。ザ・バンド（The Band）の「I shall be released」から、オリジナルの日本語の歌も歌っていました。当時はまあ、とにかくいろんな曲に挑戦するのと同時に、いろんな活動にも手を広げていきました。今思えば、そんなことをできたのも、大学に行かしてもらえたからだなと思います。今私は自分の学生に、「大学時代は、人生でもとてもかけがえのない素晴らしい時です。（お金は無いかもしれないが）エネルギーと時間の両方がある時代は今後2度とないかもしれない。そんな素晴らしい時を有意義に使うのも、漫然と使うのも個人の自由ですが、ぜひ自分の未来に備えてよい土台を据える時としてください」とエールを送ります。聖書の言葉にもこういうものがあります。「まことのいのちを得るために、未来に備えてよい基礎を自分自身のために築き上げるように。」（テモテ第一 6:19）【新改訳3版】

〈コラム7：素顔のままで〉
洒落た日本語タイトルの「素顔のままで」は、サビで「I love you just the way you are」と歌っているように、直訳すると「今のそのままのあなたを愛しています」と恋人に向けたラブソングですが、聖書も内容的には神からあなたへのラブソングと言えます。「第1章 4.4. 品詞の話」で紹介した「わたしの目には、あなたは高価で尊い」という神の言葉（イザヤ書 43:4）には、その直後に「わたしはあなたを愛している」という続きがあることから、そこには、今のあるがままのあなたを愛していますと同様なメッセージが暗示されています。

話を私の大学時代に戻すと、その時のいろいろな活動の一例として、自分の住んでいた街のローカル放送局で、ラジオ音楽番組のディスクジョッキーを素人対象で募集しているのを聞き、応募したらたまたま受かってしまい、1年間自分の番組を担当させてもらいました。ディスクジョッキーといっても現在のようなクラブ系のものではなく、今のFMラジオパーソナリティのようなものですが、自分で好きな洋楽や邦楽の音楽を選んでかけたりしながら、話をするものでした。街の放送局とは言え、一応県内全域に電波の届く番組だったので、広く県内のリスナーからリクエストをもらうのは、なかなか楽しいものでした。最初の頃は、普通のラジオ番組では絶対かけないようなプログレッシブ・ロックをかけたりしていたので、聴取率はあまり冴えず、番組ディレクターも不機嫌そうな顔をしていました。まあ続けるためには、聴取率を全く無視するわけにもいかず、リクエストを取るようになり、その後聴取率がそれなりに上がれば、番組ディレクターもニコニコ顔になってきました。素人の大学生ながら、社会の成果主義を垣間見たような気がしました。

　そのラジオ番組の中で、やがて県内の音楽アマチュアバンドの紹介をするようになり、それがきっかけで、始めたてのアマチュアバンドの活動を後押しするために、ヤングリーフ（Young Leaf）── 自動車運転初心者の若葉のマークをイメージ ── という音楽団体を作り、所属のバンドと共に一緒にコンサートを開いたり、ラジオ番組のための公開録音をしたりしました。洋楽を

好きにならなければ、こんなこともすることはなかったでしょう。このように私が楽しみながら英語に触れることができたのは、やはり音楽のおかげです。同時に、英語や洋楽が好きになったことで、自分の世界が広がるという経験をしました。不思議なものです。（写真：中央が当時の筆者）

2.3. 聖書研究会

　英語で自分の世界が広がるという経験は、実はアマチュアバンド活動やラジオ番組のパーソナリティだけではありませんでした。いろんなものに挑戦した中の１つとして、聖書を読む会にも参加してみました。「え、何で？」と疑問に思われるでしょう。ところが私の中では一応筋が通っています。というのも、中学生ぐらいから洋楽が好きになったことで、頭の中でいつも疑問に思っていることがありました。それは外国のミュージシャンが、どうしてこんなに心震わせる素晴らしい音楽を作ることができるのか、という疑問でした。ただ中学生の頃は、

音楽そのものに夢中になっていた時で、高校時代は大学受験準備もあり、それを追求することは特にありませんでした。ただ、西洋の文化の背景には、ギリシア文化とキリスト教があるんだなあと、漠然と考えていて、もし大学にでも入れれば、ゆっくりそんなことも考えたいなあと思っていました。

　その後はお話した通り、大学に入りいろんなものに挑戦しました。その際、西洋文化の根底にあるものを探ってみたいという考えから、キリスト教の影響を考えるようになりました。じゃあそのキリスト教を知るには、その聖典である聖書を読んでみるのも悪くないかなと思っていました。ただ聖書と言っても、どこから手をつけていいのか、皆目見当つきません。私の家はキリスト教と全然関係ありませんでした。強いて言えば、姉が高校卒業後、県外のミッション系の大学に行っていたことぐらいです。だからどうだということもありません。ところが、大学1回生の頃、男友だちと学食で昼食を食べていた時に、壁に「一緒に聖書を読んでみませんか！」というポスターを見つけました。すると友だちの1人が「1回ぐらい試しに行ってみないか」と誘ってきたので、その雑談の最中で「そこに行ったら、女子学生と友だちになれるかな？」という話で盛り上がってしまいました。その頃は大講義の教養科目が多く、高校の時のように女子生徒とクラスで話すようなこともなくなっていました。周りはみんな男友だちばっかりです。「まあ昔から一度は聖書を読んでみたいかなとも思っていたことだし、この際友だちと一緒ならいいかな」という軽いノリで、参加してみることにしました。言ってみれば、不純な動機も混じった聖書との

出会いになりました。

　そこから長い話を端折ると、大学の聖書研究会のメンバーから、教会のバイブルクラスに誘われました。そこでは、外国人宣教師が英語も交え聖書の話を教えてくれるので、英語も上達するかもしれないという口車にまんまと乗せられて、週1回のバイブルクラスにも参加しました。ギデオン聖書（日本語と英語の対訳本）という新書版より少し大きいぐらいの聖書を使って、外国人の生の英語に触れながら、数人で聖書を学びました。後で機会があればお話しようと思いますが、「三位一体」「狭き門」「目から鱗」「豚に真珠」「十字架を背負う」等、聖書に由来する日本人が聞きなれた用語やことわざがたくさんあります。また外国人のものの考え方や世界観を知る上では、もってこいの題材です。しかも、このように聖書の題材を使うという点と、教会の活動ということで、参加料は無料ということでした。庶民の味方です（笑）。だって英語を勉強するなら、それなりの高いお金を払って、英会話スクールに行くこともちろん可能ですが、定収入の無かった私のような大学生等には嬉しいシステムでした。このような教会の活動は、探せば今でもあると思います。一応参加するかどうかは個人の判断ですが、無料で英語の環境作りをするよい方法の1つと言ってよいかもしれません。

2.4.　スポーツ

　読者の皆さんの中には、前述したように、スポーツが好きな人もたくさんいるでしょう。また実際にそれをしなくてもそれ

を見るのが好きな人たちもたくさんいると思います。**楽しみな
がら継続的に英語に接するには、好きなもの、興味のあるもの
を使うことが飽きのこない秘訣**です。例えば野球を例にとって
みましょう。

2.4.1.　野球

　ピッチャー（pitcher）キャッチャー（catcher）バッター（batter）
ヒット（hit）ホームラン（home run）エラー（error）ファストボー
ル（fastball）カーブ（curveball）スライダー（slider）フォークボー
ル（forkball）等、野球のルールや解説に使われるのは、もとも
と英語のものがほとんどです。それは日本の野球がアメリカか
ら伝えられたからですね。ですから、日本の野球をしていて
も、英語とは気付かずに知らず知らずのうちに英語に触れてい
るわけです。私も小さい頃から、地域の少年たちと野球をして
楽しんでいました。中学生ぐらいになると、少し難しい用語も
聞くことになりました。例えば「フィルダースチョイス」とい
う言葉は何なんだろうと思ったことがあります。これは打者が
打った球を、守備をする選手がアウトにできると思うどこかの
塁に意図的に投げたところ、セーフになってしまった場合、記
録上エラーでセーフになることと区別するために用いられるよ
うです。日本人はこれを「フィルダー・スチョイス」と言う
傾向があり、どこからこんな言葉が出ているのか、その由来が
さっぱりわかりませんでした。ところが後になって、英語でこ
れは「フィルダース・チョイス（野手の選択）」つまり「fielder's

choice」ということが分かって、なるほどと合点がいきました。
「ホームラン」も、「ホーム (Home)」「ラン (run)」ということで、
打球を打って1塁2塁3塁と走って、最後はゆうゆうとホーム
ベースに戻れることから「ホームラン」なんだなあ、と自分な
りに納得したりしました（日本語では本塁打と言いますが）。です
から野球をする人や見る人は、いろんな意味で英語の用語に慣
れているわけですが、そのアドバンテージ（有利点）を活かす
には、一度その和製英語を、元の英語で再認識することによっ
て、いっきに英語のボキャブラリーを増やすことができます。
　そして野球人気は、国内だけに限らず、野茂選手やイチロー
選手らの多くの日本人選手がアメリカのメジャーリーグベー
スボール（Major League Baseball）で活躍するようになって、ま
た1段とギアをあげました。私も日本人選手が海外で活躍す
るニュースを聞いてワクワクした覚えがあります。そうする
と MLB は英語のリスニング力向上にはもってこいの題材で
す。是非 MLB を現地の実況アナウンスで観戦してみてくださ
い。野球好きの人はもともと野球のルールをよく知っているの
で、最初 TV アナウンサーが何を言っているのかよくわからな
くても、画面情報を見ていれば試合の流れは分かるでしょう。
そのうち聞きなれた言葉（ピッチャーやキャッチャーやホームラン
等）が聴き取れるようになると、それはもう楽しみなら英語の
リスニング練習になっているのです。最近では、「ビッグフライ、
オ〜タニさん」「スゴイ〜」「ダルビッシュ、サンシ〜ン！（三振）」
等と、現地の実況アナウンサーが叫ぶのを聞いて、日本語を英
語的に聞くのも面白いなと、皆さんも思ったことでしょう。ま

たヒーロー選手のインタビューで日本人選手が出てくると、通訳がインタビュアーと選手の話の内容を英語と日本語で伝えていますが、これも英語の学ぶ題材としては楽しい限りです。たまに、監督や他の選手がコメントを発するときも、どのような英語表現でコメントをするのかに注意していると、いろいろと発音・イントネーションや言い回しに違いがあって「へえ〜」と思うこともあります。発音によって、綺麗な英語でも、東海岸や西海岸の特徴が出ていたり、サザンアクセント（南部なまり）やカナダの英語等、少しずつ違うところもあって、思わぬ発見もすることがあります。英語がうまくなると、特に社会言語学という学問の専門家やその素養がある人は、その人の話す英語の語彙や発音によって、どこの出身か、どのような環境で育ってきたのか、時には教育レベルや経済的背景等までわかることがあります。まあ皆さんはそこまで考える必要はありませんが、MLB を楽しみながら、英語のリスニング力を向上させてみてください。

2.4.2. サッカー、バスケットボール

　では野球ではなくて、サッカーならばどうでしょう。これもサッカーが好きな人ならば、楽しみながら英語に接することができます。野球と同様に、サッカーのルールも結構英語の用語がそのまま使われています。オフェンダー（offender）フォワード（forward）ディフェンダー（defender）ゴールキーパー（goal keeper）オフサイド（offside）スローイン（throw-in）フリーキック（free kick）ペナルティキック（penalty kick）3 バック（3 back）4 バック（4

back）イエローカード（yellow card）レッドカード（red card）等ほとんど横文字が使われています。これらだけでも語彙の練習になります。最近では海外で活躍する日本人選手も多くなってきたのに加え、もともとプレミアリーグ（Premier League）セリエ・A（Serie A）やブンデスリーガ（Bundesliga）リーガエスパニョーラ（Liga Española）等に興味を持って、視聴するのが好きな人たちもいることでしょう。英語ならイギリスのプレミアリーグを現地の実況アナウンサーの解説で観戦してみてください。他のリーグも英語で観戦できる場合もあるようです。

　ちなみに、2010年サッカーのワールドカップ南ア大会が開かれたとき、日本代表のサムライ・ブルーが、初戦でカメルーンに勝った試合は、私が以前滞在していたブルームフォンテーン市にあるフリーステート（州立）競技場で行われました。もちろん大会時、私は日本に戻っていましたが、見慣れた風景を懐かしく見ていました。

　バスケットボールを好きな人は日本でも結構いますが、その最高峰のリーグであるNBA（National Basketball Association）を、英語実況で観戦してはいかがでしょうか。最近では八村塁や渡辺裕太選手等、コンスタントに試合に出る日本人選手も増えてきました。もちろん、バスケットボールの用語も英語が使われています。

2.4.3. アメリカンフットボール

　日本ではあまり馴染みがないようですが、本場アメリカには野球人気を超えるスポーツ、すなわちアメリカンフットボール

（アメフト）があります。これはラグビーに似たスポーツですが、プロテクターをつけ、独特なルールでエキサイティングなプレーをするスポーツです。普通のアメフトのゲームを見ない人も、その年のチャンピオンを決めるスーパーボウルには、注目している人も多いのではないでしょうか。これはハーフタイムショーで旬な音楽アーティストが出ることでも有名で、アメリカ国内だけではなく、全世界に向けて放映されています。当然ルールも英語の用語で、英語実況があります。

　このアメフトには独特なルールがあって、ラグビーのルールと比べてみるとその違いがよく分かります。ラグビーは前にいる選手から後ろにいる選手へとボールを流れるようにパスして行く醍醐味や、モール（それぞれのチームが陣形を作ってボールを支配しようとする形）での力強い押し合い等に魅了されます。一旦試合が始まれば、ワンプレーが結構長く続く場合もあります。しかしながら、アメフトは始まったかと思うと、通常何十秒かでワンプレーが終わります。極端な場合、クウォーターバックサック（Quarterback Sack）と言って、ゲームの作戦を実行する相手の司令塔（Quarterback）を一瞬の内で仕留めるように、ワンプレーが数秒で終わるようなこともあります。

　私は1983年にアメリカに留学しましたが、その際初めてアメフトを見た時に、なんてつまらないスポーツなんだと思いました。だって始まったら、何が起こったのかわからないうちに、すぐワンプレーが終わるんですから。もちろんそれは全くルールを知らなかったからですが、ルールを少しずつ英語で教えてもらうようになると、俄然面白くなり、なぜアメリカ人が

あれほど熱狂するのか理解できるようになりました。プレイの開始を告げる審判の笛が鳴ると、ガチャガチャとオフェンスとディフェンスがマジにぶつかり合う音が出す迫力と、何十通り以上ある戦術の中から選ばれた、緻密に計算された攻撃と、それを防ぐための守備側の駆け引きが面白いのです。実際大学レベルのアメフトも大人気で、最初に私が見たアメフトの試合は私が一時期通っていた大学のチームの試合でした。大学の試合といっても規模が大きく、何万人も収容できるような競技場をたいていの大学は少なくとも1つは持っていて、私も最初に競技場に入ったときは、驚きました。私がそれまで行ったことのある大きなスポーツ競技場は、福岡の平和台球場ぐらいでしたが（ここは西武ライオンズ前身の西鉄ライオンズの元本拠地）、大学の施設の1つとしている競技場が時にはそれよりも大きいのです。農場や農地の広大さもさることながら、何もかも大きいのにはびっくりしました。

　あれからだいぶ経ちますが、日本でのアメフト人気も少しずつ上がってきていて、大学日本一を決める甲子園ボウルや、社会人と大学チームの対抗戦で、日本一を決定するライスボウルもTVで放映されるようになってきました（残念ながら、両者の力の差が開いてきたので、2021年を最後にこの対抗戦はなくなり、2022年からは社会人チームの日本一を決める大会へと模様替えをしました）。私の所属する立命館大学のアメフトチーム（パンサーズ）は、関西でも強豪校の1つです。「パンサーズ」という名前は、1987年に当時の提携校である「ピッツバーグ大学パンサーズ」に由来があるようです。ただそのヘルメットにパンサーの足型

がデザインされていますが、1980年代アメリカのサウスカロ
ライナ州に留学していた時に、私は同じようなデザインを、そ
の州にあるクレムソン大学のアメフトチームがヘルメットにし
ていたのを記憶しています。ここは、1981年に全米優勝して
以来の強豪校ですが、立命館のヘルメットデザインはここに関
係があるのではないかと勝手に思っていました。ただクレムソ
ンの場合、パンサーの足型ではなく、クレムソン大学タイガー
スなのでタイガーの足型とのことです。

2.4.4. ラグビー

　私が10代の頃、子どもがするスポーツとしては、野球やソ
フトボールがいちばんだったと思います。サッカーはそれほど
まだ人気ではなくて、習いごととして柔道や剣道もある程度盛
んだったように思います。私も、身体は大きくなかったのです
が、小学生から中学生の間、剣道を少しかじっていました。中
学1年の時には、上級生を抑えて試合の代表になったこともあ
ります。ただ背が伸びなかった理由を、練習でいつも面ばかり
上から叩かれていたからだと冗談交じりに説明すると、みんな
笑ってくれます。そんなこんなで、周りでラグビーをしている
子どもたちを私はほとんど見かけたことがありません。ですか
ら私にとっては、ラグビーは身近なスポーツではありませんで
した。でも実はラグビーも、とても見ごたえがあって面白いス
ポーツですね。私がそれを意識したのは、特に研究で大学院へ
行った先の南アフリカ共和国（南ア）で、そこにかれこれ4〜
5年滞在した時のことです。ご存知の人もいると思いますが、

南アは世界でも有名なラグビー強豪国です。

　南ア代表のラグビーチームは、スプリングボックス（Springboks）という愛称で知られ、ガゼル（鹿のような動物）をシンボルに使っています。このスプリングボックスはラグビーワールドカップの本大会に出場する常連ですが、私が南アに行った1995年の少し前に、ちょうどワールドカップが南アで開催されていました。その時日本の代表チームも参加していたのですが、このスプリングボックスにこてんぱんにやられたそうです。私が南アに行った直後、そこでは日本人が少ないためか、私が日本人であることを知ると、ラグビーファンの友人が、「あの時は大人と子どもが対戦しているようだった」とわざわざコメントをしてくれるのです。そんなコメントしなくてもいいのにと思いながら、「そうなの？」とお茶を濁すしかありませんでした。そんな時、大学の近くにある小・中学校や高校を訪問した際、男の子はほとんどラグビーをやっていました。おそらく正課の授業の一環だったと思います。またラグビーマッチがTVで放送されるとみんな見ていたようです。それで「ああ、なるほど」、南アのラグビーは日本の野球みたいなものだなと思いました。もしこのスプリングボックスに興味がある人は、ネットやスポーツ番組で調べたりできます。特にこのスプリングボックスが1995年ワールドカップで優勝した時の話がブラッド・ピット主演で「インビクタス（Invictus）」という映画（2009年）になっています。実話を基にしているので、1993年にノーベル平和賞も受賞したネルソン・マンデラ大統領も出てきます。英語の学習も兼ねて、一度鑑賞してみてはどうでしょうか。

（写真：南アの小学生のラグビー練習風景）

　このように、ラグビーにおいて、南アと日本の間には昔はそ
のような力の差が歴然としてあったのです。ところがです。皆
さんの記憶にもあると思いますが、2015年のワールドカップ
イギリス大会で、日本代表が、最後の最後で逆転してこのスプ
リングボックスに勝利しました（1次リーグB組）。私もその試
合を副音声のBritish English（イギリス英語）で実況を見ていま
した。これは世界のスポーツ界に衝撃を与えたようで、日本人
としてはこの上なく興奮し、またうれしく思いました。日本人
のファンが会場で涙ぐんでいる姿も映像で流れていました。そ
して先の南アの友人から、今度は「今回日本はすごかったね」
とメールをもらいました。

　その時のTVの音声を主音声の日本語で見直すと、日本の実
況アナウンサーが確か「ジャイアント・キリングが起こった！」
と言っていたようです。この言葉は、絶対に勝てそうにない相
手に勝利するときに引用される言葉で、実はこれは聖書から引
用されています。もう少し詳しく言うと旧約聖書の「第一サム

エル記」第17章からの引用で、その昔イスラエルのサウル王が隣国ペリシテ軍との戦いに出ていた時の話が由来となっています。ペリシテ人は一般的に身体が大きいことで有名で、周辺国から恐れられていました。その中でも特に勇猛果敢な巨人ゴリアテという軍人がいました。彼があまりに強いため、この勇者に立ち向かう者がイスラエル軍にはもう誰もいなくなり、イスラエル軍は絶体絶命の危機的状況に陥りました。そんな中、サウル王の付き人でもあった少年ダビデが（この時は戦場で戦っていた兄たちに食料を届けに行っていただけなのですが、イスラエル軍の劣勢を見たのがきっかけで）、無謀にもこのゴリアテに戦いを挑んだのです。彼は特に身体が大きいわけでもなくただの少年だったので、まさに大きな大人と子どもの戦いでした。そんな彼の武器は、イスラエルの神への篤い信仰・信頼と、羊飼いでもあったので、羊を守るために野獣を倒した経験があったことぐらいでした。したがってイスラエル軍もペリシテ軍の誰もが、これは戦いにもならないと見ていました。そのような逆境の中、彼は周りに落ちていた小石を数個拾い、スリングと呼ばれる投石器でゴリアテに挑んだのです。彼が小石を投げた時、それはゴリアテの額に見事に命中し、倒れたところで彼の首を取るのです。この勝利で少年ダビデの名前は一躍有名となります。この故事から「Giant Killing（ジャイアント・キリング）」、和訳で「番狂わせ（巨人を倒す）」という言葉が広まったようです（一説には、「巨人退治のジャック」という童話の類に由来するとも言われる）。

　この言葉は何もラグビーだけに限らず、私はサッカーやいろんなスポーツの試合でも聞くことがあります。最近では、2021

年12月のサッカー天皇杯・準決勝で、次季J2に降格する大分トリニータが、その年のJ1王者の川崎フロンターレに1-1延長の末、PK戦で勝利し「ジャイアント・キリングを果たし」たと、ネットニュースで報じられていました。私も大分出身で、その試合を見ていたので、とても興奮したのを覚えています。他のところでも紹介しますが、英語や日本語の有名なことわざや表現が、幾つも聖書から用いられています。このように英語を学ぶ際に、その言葉の背景にある文化や歴史を知っておくことは、英語表現の深い理解につながることもあるようです。ちなみに、大分トリニータは、1999年にJリーグへ加盟し、そのクラブ名は、三位一体を表す英語「Trinity（トリニティ）」とホームタウン名「Oita（大分）」を合わせた造語で、イタリア語で「三位一体」を表す「Trinita」と同じ綴りとのことです。このクラブ名は、県民・企業・行政が三位一体として一致団結し、トリニータや大分のサッカー文化を応援することを表しているそうです。このように「三位一体」という言葉は、今では日本でも一般的に使われるようになってきました。しかし、ご存知の人もいると思いますが、もともと「Trinity」という用語は、キリスト教の父・子・聖霊という三位一体の神を表す神学用語ですね。ちょっとラグビーの話から脱線してしまいましたが、前述のように、いろいろな言葉の背景にある文化や歴史を知ることは、英語表現の興味深い理解につながると思います。

2.4.5.　その他のスポーツ

　その他のスポーツについてもそれぞれファンがたくさんいる

ことでしょう。バレーボール・ハンドボール・ゴルフ・体操・水泳・柔道・スケート等のスポーツをすることが好きな人はたくさんいます。ここ最近の日本人の傾向として、今まで活躍できなかったような分野でも、若い人たちがどんどん世界に挑戦していくだけでなく、大きな大会で優勝をするようになってきています。全英オープンでの渋谷日向子選手、LPGA ツアーの1つオーガスタで優勝した松山英樹選手、テニスでは4大大会で優勝経験がある大坂なおみ選手や、錦織圭選手等のニュースはしばしば出てきます。また TOKYO2020 のオリンピックやパラリンピックを見て、今までにない比較的新しい競技を見てファンになった方もいるでしょう。サーフィン・ボルダリング・スケートボード・ブラインドサッカー・ゴールボール・車イスバスケット／ラグビー等、数え上げたらきりがありません。紙面の都合で詳しくは述べませんが、これら様々なスポーツは、世界的な広がりを見せています。これらを視聴しながら、英語を楽しく学ぶことができます。もちろん見るだけではなく、自分の興味のあるスポーツを実際にやりながら、同時に楽しみながら英語力を向上させることも可能なので、ぜひ自分の興味や趣味に合わせた方法を見つけてトライしてみてください。

〈コラム8：名前の由来〉

　ところで、ミュージシャンやスポーツ選手、映画俳優等の有名人の**名前の由来**を探してみると、意外と面白い発見をします。外国人は聖書から名前を取っている場合が多いからです。メンバーの頭文字をグループ名にした初期の

フォークグループのPPMは、ピーター(Peter)ポール(Paul)メアリー（Mary）で、日本語の聖書名で言うと、それぞれペテロ、パウロ、マリアとなります。ご存じの人もいると思いますが、ペテロ、パウロはキリスト教の有名な使徒の名前で、マリアはイエス・キリストの母の名前です。 ポール・マッカートニー（Paul McCartney）が所属したビートルズの他の中心メンバーのジョン・レノン（John Lennon）のジョンは、聖書名で言うとヨハネとなり、あのヨハネ福音書のヨハネです。イギリスのロック歌手デヴィッド・ボウイのデヴィッド（David）は、ジャイアント・キリングで紹介したイスラエルのダビデ王のダビデです。スターウォーズのルーク・スカイウォーカーのファーストネームのルーク（Luke）は、聖書名で言うとルカとなり、これもルカ福音書のルカです。その役を演じたマーク・ハミルのマーク（Mark）は、マルコ福音書のマルコです。バスケットのマイケル・ジョーダンやミュージシャンのマイケル・ジャクソンのマイケル（Micheal）は、聖書名で言うと、大天使ミカエルにたどり着きます。サッカーのクリスチャン・ロナウド（またはポルトガル語でクリスティアーノ）は、キリスト者を呼ぶときのクリスチャン（Christian）でしょう。

　聖書の登場人物の名前についてもう少し掘り下げてみると、聖書にでてくる人物の名の呼び方がなぜ英語と日本語で少し違うのか、そのことに私は以前から疑問を抱いていたことがあります。聖書の原語は、旧約聖書はヘブライ語で、新約聖書はギリシア語で書かれています。旧約聖書の

ヘブライ語をギリシア語に訳した七十人訳という旧約聖書もあります。聖書の登場人物の名前は、日本語ではおそらく直接ギリシア語の音読みを採用しているからだと思います。イエス・キリストは、英語で「ジーザス・クライスト（Jesus Christ）」で、ギリシア語では「イエスース・クリストス」と読みます。「ジーザス・クライスト・スーパースター」という劇団四季のミュージカルの題名は、原作が英語なので、あえて英語読みを踏襲しているようです。先ほどのペテロのギリシア語読みは「ペトロス」、パウロは「パウルス」、ヨハネは「ヨハネス」、マルコは「マルコス」なので、日本語読みは、英語の読みよりも原語読みに近いようです。聖書を日本語に訳した時に、英語を参考にしつつも訳者が直接ギリシア語から訳した結果なのでしょう。

3. 国際学生や外国人との交流

　日本にいながらして英語力向上を図ろうと思えば、他にも方法があります。外国人留学生や在日外国人が多い地域では、自分から進んで外国人とコミュニケーションをとろうと思えば、生の英語を学ぶことができます。でも APU（立命館アジア太平洋大学）や秋田の国際教養大学のような留学生が多い大学に入学しなければ、それは無理だろうと思うかもしれません。しかし入学しなくても交流することは可能です。例えば、APU の

これで変わる！ あなたの英語力！ —— 英語の環境作りのススメ

学生（や卒業生）は、キャンパスのある山の上から麓に下りて
いき、別府市内の商店街等で地域活性化の活動をしたり、輸入
雑貨店やエスニック料理店を起業したりと、様々な活動を行っ
ているようです。また留学生が地域のホテルや旅館でバイトを
している場合もあります。少し情報網を広げていきさえすれば、
そのアンテナに有用な情報が引っかかるかもしれません。つま
り日本にいても、外国人との接点を見つければよいわけです。
実際ホテルや旅館では、彼らに仕事を教える日本人の仲居さん
たちも、好きか嫌いかにかかわらず、必死でコミュニケーショ
ンをとっているので、案外通じると言っていました。

　さらに、私は日本人が外国に行かなくても、外国に住んでい
るような英語の環境を日本でも作れれば、同じような英語を伸
ばす環境ができると常々考えていました。必ずしも英語を伸ば
したいと思っている人たちが外国に行けるわけでもないし、ま
たたとえ一時期外国で生活できたとしても移住でもしない限
り、いつかは日本に戻ってきて、日本で生活することになるか
らです。それで、日本にいながらにして外国に居るような環境
が作れないか考えていた時、１つの考えが浮かんできました。
それは日本で外国人と一緒に住むことです。個人的には、自分
で外国人のルームメイトを探したり、日本でホームステイをし
たいと思っている外国人（学生）を自分の家庭に招き入れるこ
とです。実際にそういうことをしている日本人の人たちもいま
す。もちろん私は大学でも教えていたので、学生のためには、
日本人学生と国際学生が寝食を共にする学生寮のようなものが
あればよいと思い、そういう話を上司や同僚としていたことを

思い出します。毎日異文化体験と英語や日本語での交流は、どちらにとっても win-win の関係なのです。

　また APU にいた時、1 週間のうち 1 日だけ、大学で基本的に英語だけ使うような日を設けようということで、ET 活動を始めました。この ET というのは English Thursday の略称で、その具体的な活動は週に 1 度の木曜日に、キャンパス内で学生や教職員が英語のみでコミュニケーションをする日を設け、APU 全体の英語力の向上（特に英語環境の構築）を図るだけでなく、多くの出身国から集う学生間の交流がいっそう促進されることを目的としたものでした。「E. T.」と聞いてある年代の人たちは、1982 年に一般公開され、その後 TV でも繰り返し放送されているスピルバーグ監督のヒット映画「E. T.」（正式名称は E. T. The Extra-Terrestrial）を思い出し、その名声にあやかろうとしたのではないかと勘ぐるかもしれません。正直に言います。その通りです（笑）。このような活動をなんとか広めたいと思って活動の名称を考えていたら、English と Thursday なので頭文字を取って省略したら覚えやすいし、既に「ET」を多くの人たちが知っているということで、委員会でこのネーミングにしました。そして、学生やオフィスを巻き込んで 1 〜 2 年ぐらいそのような活動をしました。公けの活動やイベントは木曜日だけでしたが、それを動かすために、教職員がサポートしながら、学生が主体となった ET 委員会が日頃から頑張ってくれました。しかし、学内全体に長く定着させることはやはり難しいことでした。英語の環境作りは、試行錯誤の中からよいもの、長く続けられるものが生まれてくるということでしょう。

（写真：立命館大学・京都衣笠キャンパス）

　ところで、今私は京都の立命館大学で教えているのですが、ここにおいても、英語に限らず幾つかの主要言語（ヨーロッパ言語・アジア言語）を様々な形で学べる仕組みや環境が整っています。その中でも、国際交流に関するものは主に次のようなものがあります。2018年から本格的に始動したBeyond Borders Plaza（BBP）は、学生が国境の壁・文化の壁・言語の壁等、様々なBorders（境界）を越えて連携しながら共に学ぶグローバルコモンズとして誕生しました。そしてその活動の一環として、京都・大阪・滋賀の3キャンパスそれぞれで、留学生支援企画や学生交流企画として独自の活動をしたり、また語学力向上を主な目的とした国際交流企画の「SUP! Language Exchange Program」というのがあります。これは、学生同士がペアとなって、自分の第一言語を教える代わりに、自分が向上させたい第二言語を相手から教えてもらうという相互サポートの活動で、各学期始め

にマッチングペアの募集をしています。スーパーグローバル大学として、国際学生がそれなりに在籍することから可能な国際交流と言えるでしょう。今はコロナ感染防止に注意しながらも、このような活動も再開されるようになってきました。

　さらにご存じのように、京都は世界文化遺産も含め観光名所が多く、日本人だけでなく外国人の観光客も数多く訪れます。春の花見の時や秋の紅葉シーズンはすごい人出になります。立命館大学の近くにも、金閣寺・龍安寺・仁和寺・北野天満宮・平野神社等があって、通常でも観光客が訪れています。つまり私たちが外国に出かけなくても、外国人と交流できる機会が身近にある場合があるということです。その時ちょっとだけ勇気を持って彼らに話しかければ、生で英語を使える場面があるわけです。このちょっとだけの勇気を出すのを躊躇する日本人も、たくさんいます。英語がうまく話せるかどうかも分かりませんし、どのように彼らにアプローチをしてよいかも分かりません。そこで私は、以前から学生の英語授業の課題の１つとして、彼らにインタビューをして来てもらう課題（プロジェクト）を出しました（これについては、執筆当時、コロナや来日している外国人が少ないこともあってこの課題は一時中止しています）。

　私はこの課題を「MIF Project」と名づけました。それは「Making International Friends」の頭文字をとったもので、最初の狙いは、まず外国人に英語で話しかけてもらうことです。そのきっかけから、あわよくば友だちにまでなってくれたら素晴らしいなあ、というものです。私の高校時代では、外国の友だちや知人と親しくなるだけでなく、英語の上達のために文通をする「ペンパ

ル」という方法がありましたが、少しそれに似たもので、その
きっかけを与えるものです(今はSNSですが)。それで私は学生に、
次のような指示を出して外国人がいそうな場所、例えば主要駅
や観光スポットに行ってもらいました。

① まだ知らない外国人（や国際学生）に声をかけて、友だち
を見つける。少なくとも3人の友だちを作る活動をする。

② 英語だけでこのプロジェクトをする。

③ 課題として、少なくとも次のような質問をする。「What
is the coolest thing in Japan?」、あるいは「What is so cool about
Japan?」と尋ねて、その理由も聞く。さらに他に聞きたいこ
とや話したいことがあれば、そうしてもよい。

④ このプロジェクトの結果や考察について英語でレポート
を書く。

さらにインタビューする際、次のようなステップ（や注意書き）
も書き添えました。

a) まずあいさつをして、話しかける。

b) 自己紹介をし、インタビューの目的を伝え（英語授業の課
題）、相手の許可を得る。

c) 相手のプロフィール（名前、国籍、年齢、できれば趣味等）
を聞く。ただし年齢を聞かれるのを嫌がる人もいるので、
その場合しつこく聞かない。

d) 終始丁寧な態度で接する。

　　i) もし相手が断ったり、インタビュー時間に都合がつ
　　かなかったとしても、最初の時間を割いてくれたこと

に感謝し、すぐにインタビュー活動を終える。

　さてこのプロジェクトの結果はどうだったでしょうか。もちろん、手っ取り早くキャンパス内の国際学生に話しかけた学生もいましたが、半分以上の学生は自ら進んで外国人旅行者や家の近くの外国人に話しかけたようです。時には通学途中でこの課題をした学生もいました。学生のレポートの中では、インタビューの結果やこの課題を通して学んだことを書いてもらいましたが、結果は上々だったと思います。一応私の指示としては、少なくとも3人にインタビューを試みるということでしたが、多くの学生が3人以上していましたし、中には楽しくなったのか、10人以上、あるいは20人近くにインタビューした強者もいました。またレポートの中に、このインタビューが成功だったかどうかを自己評価してもらう項目を付けましたが、成功だったという学生と失敗だったという学生が半々ぐらいいました。成功だったという学生は、それがよい成功体験になり、自分の英語が通じたということでますます英語力を伸ばしたいという動機付けになりました。一方失敗だったと言う学生は、自分の英語力を確認するよい機会になり、もっと英語学習をしなければいけないと思うと同時に、初めの一歩やきっかけを勇気を持ってやってみることが大事だということに気づいてくれたようです。次はもっとうまくインタビューしたいというコメントが多かったようです。

　その彼らのレポートを読んで、私が気づいたことは、これまで**自分から英語で話しかけたことは**ほとんどなかったという学

生が意外と多かったことです。時には、クラスのほぼ全員の学生がそう答えた場合もありました。義務教育で ELT（English Language Teacher）に英語を習った経験は多くの学生が持っていますが、ほとんどが受け身の授業です。英語で喋るときもまず話しかけられて英語で返すということが多かったようです。ところがこのプロジェクトでは、私の最初の設定指示以外では、日時も場所も内容も学生のイニシアティブ（主導）でほぼ行われます。やはり英語上達の秘訣には、何事かを自分で始めるという自主性、言い換えれば「意欲」が大事だと思います。

　また内容的にも、インタビューの質問によって、外国人が日本や日本人のことをどう思っているか、彼らが肌で感じてくれたことも収穫の１つのようです。日本という国や文化、例えば、アニメや漫画等の日本のポップカルチャー、あるいは日本の食文化や習慣、日本人の親切さ、鉄道等の公共交通機関の運行時間の正確さや、お店・飲食店等のサービスのよさ等、外国のそれらと比較したことがない学生が、普段あまり認識していない日本の長所を改めて感じてくれたようです。また、自分たちがもっと日本のことをよく知らないといけないとも思ってくれたようです。これらの外国人との交流を通して、少しでも異文化理解が深まっていけば素晴らしいなと思いました。

　ところで、このような「MIF Project」も途中で少々軌道修正をしました。このプロジェクトを私は主にキャンパス外でしてもらう予定でしたが、最初はキャンパス外に限るという指示は出しませんでした。そうしたところ、初期の頃学生たちがキャンパスにいる外国人教員を捕まえてインタビューしました。そ

れは私の同僚から「最近やたらと自分のクラスでもない学生からよく話しかけられてくる」と言われたことから気づきました。ちょっと他の先生の迷惑になっているならよくないなということで、次からはインタビューの相手は教員を除くとしました。キャンパス内を禁止にしなかったのは、国際学生であれば MIF には最適だからです。

　さて、このように本書を読んでいる皆さんも、ちょっとの勇気を胸に、自ら進んで外国人に話しかけてみてください。「案ずるより産むが易し」、英語では「It's easier to give birth than you think.」「It is easier to do something than worry about it.」「Fear overruns the danger.」等と表現できるようですが、このようなリラックスした気持ちでトライしてみてください。日本人が英語で話すのを躊躇する 1 つの理由として繰り返しになりますが、「何を話したらいいのかわからない」「話す内容がない」というようなことです。もしそれが理由なら、こちらから何か話を持ち掛けるというのではなく、外国人の人に何か助けになるようなことを聞いてみるのも一案です。京都等では、駅や観光地の近くでスマホや地図を広げて迷っているような外国人をよく見かけます。そういう時に「May I help you?」と声がけをしたらよいと思います。自分がよく知っている付近であれば、少々英語がわからなくても「Where would you like to go?」と聞いて、地図で行きたい場所を指してもらい、答える時もその方角を指差すなり、ジェスチャーでコミュニケーションをとることもできます。そのようなときに使う英会話文をあらかじめ準備しておくのもよい手かもしれません。もちろん、京都でなくても外国人

の訪れる場所や観光地域でも同じことができますし、授業の課題としてではなく、ある意味人助けとしてもそのような交流が可能です。大阪城で、英語でボランティア案内をしている小学生のことが、ある日TVで紹介されたことがあります。この日本人の小学生は1度も海外に出たことはないそうです。皆さんも、ぜひちょっとだけの勇気を出してトライしてみては如何でしょうか。「英語は度胸」と誰かが言ったのを聞いたことがあるかもしれませんが、本当に初めの1歩が大事でしょう。

　これは付け加えになりますが、たまたま自分の家の近くに外国人の家族が越してきた時には、それもチャンスです。臆せずに自分から話しかけ、仲よくなることもできます。その際は、日本と外国の間の文化や習慣の違いを教え合うということができれば、ちょっとした国際交流にもなります。実はこれによって結構驚きの楽しい発見をすることもあります。

4.　各種英語資格の取得

　もし仕事にも有利な英語の資格を取りたい、あるいは留学をしたいという希望があれば、必ずしも楽しみながら英語に接する必要はありません。資格取得には、どれもそうですが、本人の努力が求められます。楽しくはないかもしれませんが、自分のスキルのステップアップや夢の実現のためには、その努力を惜しんでいるヒマはないでしょう。

ただ現在ではいろいろな資格試験がありますから、初学者にはどの資格を取ればよいのか、迷うことも多々あるでしょう。例えば、TOEIC（トーイック／トイック）TOEFL（トーフル）IELTS（アイエルツ）GTEC（ジーテック）日本の英検（実用英語技能検定）ケンブリッジ大学英検や国連英検等があります。

　日本の会社において１つの指標となっているのは、TOEIC でしょう。就職活動の採用応募時に高得点を持っていると有利になったり、昇格のための条件になったりします。有利となる基準は、個々の会社によって違うかもしれませんが、一般的には最低650点以上あれば何らかの考慮の対象になるのではないでしょうか。今では日本の会社のグローバル化も進み、楽天やユニクロのように社内言語を英語にしている会社も少なからず出てきています。英語ができないと本来の仕事ができないというわけではないですが、英語ができれば可能性は当然広がります。

　読者の皆さんの中にも、すでにこのような英語資格を持っている人もいると思いますし、これから挑戦してみようと思っている人もいるかと思います。前にもお話したように、英語力向上のために前向きに積極的に自分のできることに取り組んでみては如何でしょうか。通常このような資格試験は何かの目標や目的を持って受験することが多いと思いますが、必ずしもそうである必要はなく、受験して得点が上がることによって、さらに英語学習へのモチベーションが上がることにもつながるでしょう。その場合、受験して得点がよくない場合、一時的な自信の喪失があったとしても、実質的には何も失うものはないわけですから、また受験料を工面して挑戦すればよいだけです。諦

めなければ得点は伸びていきます。

　これらの資格試験は、実は英語力だけで得点が伸びるわけではありません。「テストテイキング・スキル」と言って、テストでどのように得点を伸ばしていくかという秘訣や技能（スキル）があるわけで、それを身につけると勇気百倍です。それは、過去の問題を見て、どのような内容的な特徴があり、どのような形式の問題が出るのか、時間配分をどうすればいいのか、というような事柄を意識的に身体に染みこませていくのです。つまり、これも「慣れ」です。そうすることで、初回の受験時には緊張しすぎてうまくできなかったという状態から、何度も練習問題をし、何度も受験することによって、自分の受ける試験の問題傾向が分かり、効果的な対策ができるということです。TOEFL 等の問題を数多くこなしていくと、似たような問題が表現や形を変えて何度も出てきます。問題作成者が受験者に、ここは押さえて欲しいと思うような文法問題や表現方法は、ある程度決まっているので、数をこなせばそのパターンが見えてくるのです。自分が問題作成者ならどのような問題を出したいかを考えることができるようになるとしめたものです。おそらくそのようなレベルになると、どのような問題が出て、自分を楽しませてくれるのか、ワクワクしてくるかもしれません。そうなると、高得点も夢ではありません。まあ、そこまでにはならなくても、英語力は伸ばしていけます。「Practice makes perfect.」（継続は力なり）という諺がありますが、私も自分の学生にそうやって努力する大切さを伝えるように心がけています。

5.　もう少し英語力を伸ばしたい人へ

さて、今まで話したことでも十分に英語力を伸ばすきっかけになると思いますが、それらを実行するだけでも人によっては大変なことかもしれません。そのような人たちは、今まで話してきたことをぜひ実行し、英語に慣れ親しんでいただきたいと思います。一方で、これまで英語を学習してきた人の中には、物足りない内容だったと感じる人もいるかもしれません。そこで、そんなことはもう知っているので、もう少し別の角度から英語力を伸ばしたいと考えている人に、少し専門的に、またはテクニカルな英語力の伸ばし方を紹介したいと思います。それは学術英語と呼ばれるアカデミック・イングリッシュ（Academic English）と、メディア英語（Media English）に関係するものです。

5.1.　アカデミック・イングリッシュ

私は大学で教えているので、英会話スクールのように日常英会話力を伸ばすという技能よりも、もっとアカデミックな英語を教えています。アカデミックな英語というのは、学問で使える英語ということで、前述したように学術英語とも言います。ただこれにも幾つかの段階があって、基本的な学術英語から本当に専門的な学術英語があります。基本的な学術英語は、テキスト（入門書）や文献資料を読解したり、自分の考えをレポート

にまとめたり、簡単な議論をしたりするものです。専門的な学術英語では、与えられたトピックについてディベートをしたり弁論をしたり、学会で発表したり、学術雑誌向けの論文を書いたり、修士論文や博士論文を書いたり、最終的には学術的な書籍等を執筆できる英語（能力）です。次項では、このような能力を養うことのできるエッセイストラクチャーを紹介します。ただ本書では、専門的な学術英語について詳しくお話しするのは本書の目的から少し外れますので、それについての別の書籍にお譲りすることにし、興味のある人は、英語論文の書き方、英語発表の方法と題した類の本や情報をご覧ください。基本的な学術英語でも、「楽しみながら英語をモノにする」という本書の趣旨から少し外れるかもしれませんが、英語力を伸ばせるということ自体が楽しみになってもらえると幸いです。また自分の好きな分野の内容で学習をするということであれば、好きである以上楽しみながら学習することは可能です。

5.1.1. エッセイストラクチャー（Essay Structure）

多くの人にとっては、この「エッセイストラクチャー」という言葉は馴染みが薄いかもしれません。でも、日本文を書くときの基本の１つに「起承転結」という構造を使って書くと言うことを知っている人は多いかと思います。全く同じではありませんが、これに少し似た構造（Structure）で、英語で書くときに一般的によく使われる構造が、このエッセイストラクチャーです。英語の論文や学術本、英語テキスト等は基本的にこれにしたがって書かれている傾向が見られ、あるいは学生がレポート

を書くときにも推奨されるものです。言わば英語を書くときの典型的な構造ということができます。これを覚えておくと、英語で物を書くときに大変重宝します（**ライティング技能**）。大学のライティングのテキストは、センテンスライティング（**文の作成**）とパラグラフライティング（**段落の作成**）から、このエッセイストラクチャーを使ってまとまった英文を書くことを目的の１つとしていると言っても過言ではありません。それだけでなく、英語のテキストや論文等を読むときにも、この構造を意識して読むようにすると、読解力が高まります（**リーディング技能**）。これに精通すると早く的確に読むことができます。さらに、英語のスピーチもこのエッセイストラクチャーを用いると理路整然と、一貫した主張でスピーチをすることができます（**スピーキング技能**）。もちろんプレゼンテーション（**英語発表**）にも応用できます。その延長線上で、発表者がエッセイストラクチャーを使ってプレゼンテーションをしていることを知れば、リスニングの助けにもなります（**リスニング技能**）。したがって、このエッセイストラクチャーを身につけることで、実は英語力を総合的に伸ばすことができるのです。もしかしたら、このエッセイストラクチャーを部分的に使っている人がいても、総合的に使っている人は少ないのではないでしょうか。

　このエッセイストラクチャーに関し、１点私たち日本人が気をつけなければならないことがあります。それはエッセイという言葉のイメージです。一般の日本人にとって、「エッセイ」というのは随想や随筆と呼ばれるように、思いつくまま、筆の向くままに書くものという理解があります。極端に言えば、構造

はあまり重視されていないと考えてしまいます。中には、エッセイストラクチャーなのだから自由に書いていいんだという日本語のイメージで、誤解をして英文を書いてしまい、失敗をする学生も時々います。しかし英語のエッセイストラクチャーというのは、全くその逆で、一定の構造ルールを指し、理路整然と一貫性を持って英文（小論や試論）を書くときに多用されるものです。

5.1.2. 5段落エッセイストラクチャー

　ではここで、5段落エッセイストラクチャー（5-Paragraph Essay Structure）というこの構造を説明するときに一般的に用いられる図を見ながら簡単に説明します。テキストによっては用語が若干違うものを使用することがありますが、基本的には同じです。

　次頁の図をご覧ください。英語のエッセイ（Essay）は幾つかの段落（Paragraph）に分かれています。1つの「段落」は、1つのトピック（Topic）に関する文章のグループで、一般的にトピックセンテンス（Topic Sentence）、サポートセンテンス（Support Sentences）、そしてコンクルーディングセンテンス（Concluding Sentence）という3つの主要な部分から成ります。同様に、エッセイも序論（Introduction または Introductory Paragraph）、本論（Body または Body Paragraphs）、結論（Conclusion または Concluding Paragraph）という3つの主要な部分から構成されています。

　序論は、エッセイの最初の段落です。序論の書き方としては、まず導入部であるジェネラルステートメンツ（General Statements）を書きます。これは、エッセイ全体のトピックの背景情報を与

THE ESSAY STRUCTURE

Introductory Paragraph

> General Statements
> Thesis Statement

Body Paragraphs

> Topic Sentence
> Support Sentences
> (Concluding Sentence)

> Topic Sentence
> Support Sentences
> (Concluding Sentence)

> Topic Sentence
> Support Sentences
> (Concluding Sentence)

Concluding Paragraph

> Reworded Thesis Statement
> Final Thoughts

これで変わる！ あなたの英語力！ ── 英語の環境作りのススメ

え、トピックに関する一般的な考えから、特にエッセイで議論したい具体的な考えや論点へと読者を徐々に導いていくものなので、少なくとも３つか４つの文で書くようにします。主題文（Thesis statement）は、通常、序論の最後に配置される文で、エッセイの具体的なトピック、特に自分の主張を１文程度で明確に述べるものです。エッセイの良し悪し、つまりよいエッセイか、不十分あるいは不明確なエッセイかは、この主題文の出来にかかっていると言っても過言ではないくらい、とても重要なものです。

　本論は、幾つかの段落から構成されます。その働きは、各段落のそれぞれが序論の主題文の内容を、具体的な例や論拠を示して、論証するために書かれるものです。そのため前述したように、本論の各段落では、トピックセンテンス、サポートセンテンス（支持文）、そして時にはコンクルーディングセンテンス（結びの文）が書かれます。

　結論では、内容を要約したり、主題文を別の表現で繰り返してエッセイをまとめます。これを、言葉を変えた主題文あるいは再主題文（Reworded Thesis Statement）と言い、それは通常結論の最初の文になります。そして最後に、自分の意見を書いたり、評価を下したり、読者に行動の変化を促したりする最終的な考察（Final Thoughts）でエッセイを締めくくります。ただし、時々学生のエッセイで見かけるのは、結論にエッセイの序論や本論にでてこなかった新たな論点や情報を書く人がいますが、これはダメです。エッセイ全体での一貫性やまとまりを保つために、結論では、本論までで言及した内容以外の新しい論点や情報を

入れてはいけません。

　以上が、5段落エッセイストラクチャーの基本的な構造です。ではこの基本的な構造を使って、どのような内容で書けばよいのでしょうか（**ライティング技能**）。もちろんその内容は書く人によってそれぞれ違うでしょうが、それでもうまく書くための秘訣みたいなものはあります。その中の1つを紹介します。序論の主題文で伝えたいことや主張したいことを述べたら、その理由の3点を考えて、本論で3つの段落に分けて書きます。そして結論で、主題文の主旨を変えずに別の表現でまとめると、一貫性のあるエッセイを書くことができます。事例をあげてみましょう。

　トピック：英語力向上について

　序論の主題文：海外旅行は、英語を練習するのによい方法の1つです。

　本論の内容：

　1. 海外旅行では英語をコミュニケーション手段として、外国人と話すことができます。

　2. 英語の授業で習ったことを、海外旅行で使うことができます。

　3. 海外では通常周囲に日本語を話す人がいないので、英語で話すことが必要です。

　結論：結論として（あるいは、以上のように）、海外旅行は英語力の向上に役立ちます。

　これらの内容を基本として、序論でトピックの背景を、結論の最後で最終的な考察を書き加えればバッチリです。例えば、

序論のジェネラルステートメンツ：現在、日本では多くの人が何年も英語を勉強していますが、英語を上手に話せる人はそれほど多くいません。何かよい練習方法はないでしょうか。

　結論の最終的な考察（促し）：皆さんも英語の練習を兼ねて海外旅行へ行く機会を見つけてみましょう。

　このように 5 段落エッセイストラクチャーを基本に、自分のトピックについてまとめられるとよいと思います。しかし実際にはもっと多くの段落を使い、内容を深めていって英文を書きたい場合もでてきます。そのときはどうしたらよいでしょうか。その場合は、5 段落エッセイストラクチャーを基にして、序論や結論の段落を増やしたり、本論は 3 段落ではなくてもっと多くの段落を使って書くことができます。そうすることで、学術、評論、社会、政治、宗教、芸術、スポーツ等、分野を選ばずいろいろな場面で実用的な英文を書くことができます。その 1 例を挙げると、新約聖書にテモテへの第二の手紙というのがあります。その 1 節で、3 章 16 節に書かれてあることを、字義通りに難しい解釈は別として、エッセイストラクチャーに当てはめてみましょう。

　　「聖書はすべて神の霊感によるもので、教えと戒めと矯正と義の訓練のために有益です。」
　　All Scripture is God-breathed and is useful for teaching, rebuking, correcting and training in righteousness,〈2 Tim. 3:16〉

トピック：聖書について

アレンジの方法は幾つか考えられますが、ここでは次のようにまとめてみます。

序論の主題文：自分の人生を確かなものにするために、聖書は有益です。（その理由は次の通りです。）

本論の内容：

1. 聖書は神の霊感によるものだからです。
2. 聖書は教えのために有益だからです。
3. 聖書は戒めのために有益だからです。
4. 聖書は矯正のために有益だからです。
5. 聖書は義の訓練のために有益だからです。

結論：このような理由で、聖書を読むことによって、自分の人生を確かなものにすることができます。

以上のように、ここでは**ライティング技能**について紹介しました。では次に、**リーディング技能**についてはどうでしょうか。英語のテキストや論文等を読むときにも「このエッセイストラクチャーの構造を意識して読むようにすると読解力が高まります」と先ほど言いましたが、そうなんです。というのも、読もうとする英文がエッセイストラクチャーで書かれていることが分かれば、その大事な要素を取り出して、拾い読みをすることができます。言わばエッセイストラクチャーが、その英文の重要なアウトラインになっているからです。その英文がエッセイストラクチャーで書かれているかどうか確信がなくても、まずはそれで読んでみる価値はあります。（実は英文に読み慣れてくる

と、その判断は一目見れば大体分かるようになります。）

　読み方の具体例として、まず英文のいちばん大事なメッセージや主張が書かれてある主題文（Thesis statement）を見つければ、著者が何を言いたいのか分かります。しかもこの主題文は、構造的に大体序論の最後の文か、最後の方に書かれているので、それほど苦労せずに見つけることができます。

　次に本論に移動し、各段落の最初の文（トピックセンテンス）を拾い読みします。前述したように、各段落は主題文の内容を具体的な例や論拠を示して論証するために書かれていて、トピックセンテンスはその内容を通常一言で表しているからです。

　そして最後に結論に行き、要点を繰り返したり、主題文を別の表現でまとめている再主題文（Reworded Thesis Statement）を読みます。これも結論の最初の文か最初のほうにあります。これで大体のことが分かりますので、あとは自分の理解度によって、各段落に戻って、もっと詳細に（サポートセンテンス等を）読み返したりして、理解力を高めます。全体的な議論の方向性（中核）を主題文で押さえているはずですから、主旨から外れた読み方をするリスクからも軽減されます。

　またテストや試験で、長文も含めて英文読解問題を解く時にも同様な方法でアプローチできます。特に試験時間が足らなくなるような場合、短時間で効率的に読むときにも重宝します。各段落の最初の文（トピックセンテンス）だけを拾い読むという荒業もあります。ただし、その緊急避難的な荒業を使わなくても済むように日頃から英文に慣れ親しんでおくことがもちろん重要です。このようにエッセイストラクチャーは、リーディング

力を伸ばすのにも役に立ちます。

　以上のように、もう少し英語力を伸ばしたい人は、論理的で適応性の広いこのようなエッセイストラクチャーを使ってみては如何でしょうか。

5.2.　メディア英語

　前項でエッセイストラクチャーについてお話ししましたが、それとは考え方や構造が違う英語を紹介します。それはメディア英語と呼ばれるもので、文字通りメディア、つまり新聞や雑誌等の活字を媒体としたプリントメディアと、TVやラジオ等の放送用の英語（ブロードキャストメディア）を指します。このメディア英語は、その構造においてエッセイストラクチャーと決定的に違います。なぜかというと、最初の1行や、最初のフレーズで視聴者や読者の興味を引くようにされ、その後、段々と紙面や時間の許す限り詳細を述べていくという形式を取るからです。

5.2.1　英字新聞

　日本語新聞でもほぼ同じですが、新聞記事は重要な情報が先に置かれ、まず「見出し（**Headline**）」で始まります。この見出しの後に続くのが「書き出し（**Lead**）」と呼ばれ、ニュース記事の内容とそのソース（情報源）が簡潔に述べられるのが普通です。読者はその見出しを見て、そのニュース記事に興味があるかどうかを考え、興味があればその書き出しを読んで、そのニュース全体を読んでいくかを判断します。そして読んでいく場合は、

ニュースの概要がさらに詳しく書かれてある**「本文（Body）」**を読むということになります。したがって、新聞は、なるべく読者の興味を引くように、大きなトピックを記した見出しから詳細な文章へと書かれ、逆三角形（Inverted triangle）の構成をとっています。そしてニュース記事に特徴的なのは、短くてインパクトのある表現や、過去に起こった出来事を生き生きと伝えるため、現在形の動詞で書かれることが多く、時制の不一致や、直接話法と間接話法の併用をしたり、分詞構文や短縮形を用いたりするので、読者はその点を考慮して読むことが、ある程度必要です。ですから、英語学習者がニュース記事の英文を真似して書くと、文法的な間違いを知らないうちにおかしてしまうことにもなりかねないので、あまり模範にしない方がよいと思います。ただし、キーワードや専門用語等は、もちろん学ぶ価値があると思います。速読の練習として読むのも一案です。少し難しそうですが、これも慣れてくるとスラスラと読めるようになります。また同じニュースを伝えても、その使う英語表現によって、各新聞社がどのようにそのニュースを評価しているか、その立ち位置をある程度知ることができます。一般的に日本人は、活字になったものは公平・公正に書かれていると思いがちですが、そうでない場合もありますので、注意して読むことが必要でしょう。

5.2.2. ブロードキャストメディア

　次に、放送用の英語、特に TV ニュースについて紹介すると、新聞ニュースとの大きな違いの１つは、その速報性です。つま

り、世界中の様々なニュースがほぼリアルタイムで、しかも映像付きで見ることができます。百聞は一見に如かずで、言葉で説明されるよりは、映像で見る方がそのニュースやニュースの背景がよく分かります。ただその構成は、新聞記事の場合と似ており、アナウンサーがニュースの中心情報を「**Lead**」部分で簡潔に述べ、その後「**Main Body**」で現地レポーターがさらに詳しく状況を説明します。時には、インタビューを交えながら報告する場合もあります。やはり生き生きとニュースを伝えるため、通常の英語文法を守っていないこともあります。私たちも、政治、経済、文化、医療、スポーツ、芸能、紛争や戦争等、目まぐるしく変わる世界情勢や国内の情勢のニュースを目撃してきたと思います。英語初学者は、日本語でニュースを見て、その後英語のニュースを TV やネットで見ることで、英語力を向上させることもできます。

5.3. ネイティブ英語に近づくための発音練習

本書ではここまであまり英語の発音についてはお話してきませんでした。それは「第 1 章 2.1. 苦手意識について」の箇所で述べた通り、現代は「World Englishes」の時代で、世界では発音や用語・文法も多様化した英語が使われているからです。コミュニケーションツールとしての英語では、日常でもビジネスでもしっかりとコミュニケーションが取れれば基本的に問題ないわけです。そうは言っても、いろいろな人と話していると、現実的に聞き取りやすい英語話者とそうでない人に出会います。会話ですから相手に分かってもらってなんぼのものです。ですか

ら欲を言えば、聞き取りやすい英語、言い換えれば、正しい発音で英語を喋れるのが理想です（正しい発音というのは語弊があるかもしれませんが、とりあえずここではそのように形容しておきます）。私たちも会話の途中で、「今なんて言ったの？」と何度も聞き返されると、「ああ、自分の英語はだめなんだ」とへこんだことはないでしょうか。

　実は、（ネイティブのような）正しい発音を獲得するのは幼少期が絶好のときです（「第3章 6.2. 幼少期と英語の発音」を参照）。とは言え、自分は幼少期から英語にあまり触れてなかったので、もうネイティブのように話すことができないのか、とがっかりする必要もありません。確かに大人になってからでは正しい英語の発音に矯正することは難しい面があるものの、不可能ではありません。それなりの学習方法をすれば、完全にとは絶対に言えませんが、ある程度は綺麗な発音にすることができます。実は私もその口（類）です。そして私もその訓練をしました。その訓練の幾つかを紹介しますので、よければ皆さんもトライしてみてください。

　①「th」サウンド：　　これは舌を上と下の歯で挟みながら発音します。例えば冠詞の「the」は、「ザ」という瞬間に舌を上と下の歯で挟みながら発音します。鏡の前で自分の舌が上と下の歯の間に挟まっているのをしっかり確認しつつ、繰り返してください。舌が見えないのはダメです。さらに効果的にこの訓練をするために、「the」と「so」を交互に繰り返して発音してください。「the」「so」「the」「so」「the」「so」「the」「so」……。

もちろん「the」の時には舌を出して（挟んで）、「so」の時には舌を出さないように。最初はゆっくり確認しながら繰り返し、うまくできるようになったら、スピードを上げてください。何度も繰り返してスピードを上げてもスムーズにできるようになったら OK です。その後は、適当な英文を見つけて「the」の発音に気をつけながら音読み（声を出して読む）をして練習してください。

　もし音読み練習をする適当な英文がなければ、例として聖書にあるヨハネ福音書の第1章から読んでみてください。特に次に記載する第1節から12節は、ヨハネ福音書でも有名な序文（プロローグ：1節から18節）の冒頭からの1部分になりますが、「th」サウンドがたくさん出てきます。二重下線で示した「th」の語句では、必ず舌を噛んで発音するのが練習です（ちなみに、左についてある数字は、通常「節」を表す数字で、聖句を参照するときのために便宜的に付けられているものです。また、ここでは見やすいように1節ずつ改行して記載しています）。

NIV John 1:1 In the beginning was the Word, and the Word was with God, and the Word was God.

　2 He was with God in the beginning.

　3 Through him all things were made; without him nothing was made that has been made.

　4 In him was life, and that life was the light of all mankind.

　5 The light shines in the darkness, and the darkness has not overcome it.

6 There was a man sent from God whose name was John.

7 He came as a witness to testify concerning that light, so that through him all might believe.

8 He himself was not the light; he came only as a witness to the light.

9 The true light that gives light to everyone was coming into the world.

10 He was in the world, and though the world was made through him, the world did not recognize him.

11 He came to that which was his own, but his own did not receive him.

12 Yet to all who did receive him, to those who believed in his name, he gave the right to become children of God ……

　上記のようにこの箇所では、「th」サウンドが幾つも出てきています。これは、前述したように**必ず**舌を上と下の歯で挟みながら発音します。1節の「the」「that」の「th」は「ザ」（舌を噛んで発音、同節の「with」や3節の「without」の「th」は「ズ」（必ず舌を噛んで発音）。6節の「There」の「th」は「ゼ」（必ず舌を噛んで発音）。12節の「those」の「th」は「ゾ」（必ず舌を噛んで発音）です。

　また授業で学生を教えていると、「I think」を、舌を噛まずに「アイ　シンク」と発音する学生が少なからずいます。でもこれは「I sink」のほうの発音に近くなるので、「私は考える、

思う」ではなく「私は沈む」という意味に受け取られかねません。舌を噛むか噛まないかで意味が違ってくるのです。記憶のために、教壇で私が身をかがめるジェスチャーをしながら「I sink」と言うと、学生はその時は笑ってくれます。クラスのレベルにもよるのですが、その注意点を頭に入れて実際に「I think」と注意して言える学生はそれほど多くありません。聞いたり読んだりするだけではすぐに忘れてしまうので、先ほどの「the」と「so」のように、意図的に練習をして身体に覚えさせることが重要です。

〈コラム 9：聖書 3〉
聖書は読んでみたいけど、分厚くてどのように読んでよいか分からない、またどこから読んでよいかも分からない、といった声を聞くことがあります。確かにそうですよね。「コラム 3：聖書 2」でお話した通り全部で 66 巻からなっているので、とっつきにくいと言えばその通りです。しかし、細かな議論は別としてキリスト教の立場から一言で言えば、聖書は（旧約聖書も含めて）救い主イエス・キリストを中心的なテーマとして書かれた書物と言えるので、その点を忘れずに各書を素直に読むと、それほど外れた読み方はしません。また、もし初めて聖書を読むのなら、新約聖書のヨハネ福音書から読んだらいいですよ、と言う教会の先生も多いようです。私もそう思います。なぜかと言うと、ヨハネ福音書が、永遠の命を得るためにイエスを神の子キリスト（救い主）として信じ（続け）ることを目的として、父な

る神からの派遣、つまりイエスの降臨（地上での生涯の初め）から昇天（天に戻ること）までを描いているからです。そして、これをこのヨハネ福音書の中心的な筋立てとすると、その重要な一翼を担っているのがこのプロローグなのです。

②「l と r」サウンド：　　「l」は舌を上の歯の裏側の真ん中あたりの歯茎につけて発音します。「r」は舌を巻き舌にして、口の中のどこにもつけずに発音します。同じようにヨハネ 1 章で、二重下線で示した箇所を練習してみましょう。

NIV John 1:1 In the beginning was the Word, and the Word was with God, and the Word was God.

2 He was with God in the beginning.

3 Through him all things were made; without him nothing was made that has been made.

4 In him was life, and that life was the light of all mankind.

5 The light shines in the darkness, and the darkness has not overcome it.

6 There was a man sent from God whose name was John.

7 He came as a witness to testify concerning that light, so that through him all might believe.

8 He himself was not the light; he came only as a witness to the light.

9 The true light that gives light to everyone was coming into the world.

10 He was in the world, and though the world was made through him, the world did not recognize him.

11 He came to that which was his own, but his own did not receive him.

12 Yet to all who did receive him, to those who believed in his name, he gave the right to become children of God ……

「l」は舌を上の歯の裏側の歯茎につけて発音します。4節の「life」「light」は「ラ」、「all」は「ル」。7節と12節の「believed」は「リ」。「r」は舌を巻き舌にして、口の中のどこにもつけずに発音しましょう。1節の「Word」、5節の「darkness」「overcome」、9節の「true」、10節の「recognize」、11節の「receive」、12節の「right」。ただ3節の「Through」の「th」は「ス」（必ず舌を噛んで発音）、「rou」は「ルー」（巻き舌）と発音します。

「lとr」が同時に含まれる9節の「world」（ワールド）は、ワーの後、巻き舌で「ル」を発音してから、舌を裏側の歯茎につけて「ド」を弱めに発音します。少し難しいですね。でも練習すればできるようになります。

③「v」サウンド：　「v」は、必ず下唇を上の歯で噛んで発音します。噛んで発音しないと「b」の発音となり、正しく認識されないことになります。例えば、「basket」は下唇を噛んで発音せずに素直に「バスケット」と発音しますが、バニラアイスクリームの「vanilla」は下唇を上の歯で噛んで「ヴァ」と発音します。また先ほどの「l」が出てくるので、「ラ」の発音

は舌を上の歯の裏側の歯茎につけて発音するので「ヴァニラ」
となります。私もアメリカで経験しましたが、このように発音
しないと、何度も「バニラをください」とアイスクリーム屋で
言ってもわかってもらえませんでした（詳しくは後述の「第4章
1.6. アメリカのステートフェアのなまりで困った話」をご覧ください）。
ではこれも同じようにヨハネ1章の二重下線で示した箇所で練
習してみましょう。最初は5節からです。

NIV John 1:1 In the beginning was the Word, and the Word was
with God, and the Word was God.

2 He was with God in the beginning.

3 Through him all things were made; without him nothing was
made that has been made.

4 In him was life, and that life was the light of all mankind.

5 The light shines in the darkness, and the darkness has not
overcome it.

6 There was a man sent from God whose name was John.

7 He came as a witness to testify concerning that light, so that
through him all might believe.

8 He himself was not the light; he came only as a witness to the
light.

9 The true light that gives light to everyone was coming into the
world.

10 He was in the world, and though the world was made through
him, the world did not recognize him.

11 He came to that which was his own, but his own did not receive him.

12 Yet to all who did receive him, to those who believed in his name, he gave the right to become children of God ……

5節の「overcome」、7節の「believe」、9節の「gives」「everyone」、11節の「receive」、12節の「gave」の「v」の箇所はすべて、下唇を上の歯で噛んで発音します。本当はカタカナをあまり使いたくありませんが、発音の参考のために書いておくと、「オーヴァーカム」「ビリーヴ」「ギヴ」等のようになります（舌を噛まないで「オーバーカム」「ビリーブ」「ギブ」というふうに、決して発音しないように）。

④　日本語で「ア（ー）」と発音される英語の言葉には、英語辞書では幾つか違う発音記号が出てきます。例えば、1節の「was」、3節の「without」「nothing」、4節の「life」「light」、6節の「man」等の発音記号を辞書で調べてみると微妙に違います（これは専門的過ぎるので、興味がある人は自分で、辞書で調べてみてください）。ネイティブはこれらを厳密に区別して発音しているのでしょうが、日常会話であれば日本人はそこまで神経質になって区別する必要は無いかと思います。一応すべて「ア」の発音でも通じるようです。

以上をまとめると、①から③までの発音について、正しく発音するようにしたら、かなりネイティブに近いような発音で話

　これで変わる！　あなたの英語力！ ── 英語の環境作りのススメ

せるようになると思います。これらの訓練を難しいと思う人もいれば、逆にただ単に慣れるだけなので、時間がかかってもそんなに難しいことはない、と思う人もいるでしょう。つまり人それぞれなので、自分のペースに合わせて取り組んでみてください。もし英語の発音に興味を持つ人がいたら、英語の音声学でさらに学ぶとよいでしょう。

さてここまで読んでくれた読者の中には、ヨハネ 1 章の例文の意味を正しく知りたいと思う人もいるでしょう。参考のため、幾つかの日本語訳がありますが、ここではより一般的な「新共同訳」で紹介しておきます。

〈ヨハネ福音書 1：1 〜 12〉

1:1 初めに言（ことば）があった。言は神と共にあった。言は神であった。

1:2 この言は、初めに神と共にあった。

1:3 万物は言によって成った。成ったもので、言によらずに成ったものは何一つなかった。

1:4 言の内に命があった。命は人間を照らす光であった。

1:5 光は暗闇の中で輝いている。暗闇は光を理解しなかった。

1:6 神から遣わされた一人の人がいた。その名はヨハネである。

1:7 彼は証しをするために来た。光について証しをするため、また、すべての人が彼によって信じるようになるためである。

1:8 彼は光ではなく、光について証しをするために来た。

1:9 その光は、まことの光で、世に来てすべての人を照らす

のである。

1:10 言は世にあった。世は言によって成ったが、世は言を認めなかった。

1:11 言は、自分の民のところへ来たが、民は受け入れなかった。

1:12 しかし、言は、自分を受け入れた人、その名を信じる人々には神の子となる資格を与えた。

＊伝統的に1節の「言」は、神の子イエス・キリストを指すと言われています。また6節の「ヨハネ」は洗礼者のヨハネを指します。

〈コラム10：秘訣は継続性〉

　ちなみに、私も前述したような英語の発音練習をしてきたのですが、小さい時から英語に触れてきた私の子どもたちの発音には、悔しいかな、かないませんでした。私たちが南アフリカに4〜5年滞在していた時に、年齢的に現地の幼稚園と小学校に2人の子どもたちが通っていましたが、さすがにネイティブのような英語発音を身につけていました。中には「お父さん、英語の発音下手」と得意顔で私をからかう子もいました。「この野郎、生意気言いやがって」と思いましたが、事実なので仕方がありません。ただそういう子どもたちも、日本に帰ってあまり英語を使う機会がなくなってしまい、少し英語が錆びれてきているので少々残念に思っています。でも、自転車に乗るのと同じで、また英語を使うようになれば、以前話せていた状況に戻るの

でしょう。ただやはり、間を空けずに継続して英語に触れ
ておくことが大事なのかもしれません。

6. 子育て中の英語

　ここまで日本でできる英語の環境作りについてある程度話し
てきました。主に学生や大人を対象に書いてきたので、読者の
多くは、現在学生であったり、すでに中・高校や大学を卒業し
ているかもしれません。ではちょっと視点を変えて、児童につ
いてはどうでしょうか。読者の皆さん、今自分に子どもがいれ
ば、あるいは今後持つようになって、子どもの英語習得を目指
すなら、どういうふうにしたいでしょうか。私は、ぜひ子ども
たちが楽しく英語に触れる環境作りをしてあげてほしいと思い
ます。

6.1. 小学校低学年からの英語授業
　現在は小学校の低学年から英語授業が取り入れられていま
す。もちろん専門家の中には、日本語もろくにしゃべったり使
えない小さな時から外国語を習う必要はない、まず国語をしっ
かり学ぶべきである、と主張する人たちがいます。それなりの
論拠があると思いますが、私は生まれたての新生児も含めて幼
児から英語に触れることは、**英語に慣れること**にとって、よい
と思っています。もちろん無理やりに単語を覚えさせたり、強

制的に勉強させることには反対です。あくまでも自然に英語に触れる、慣れるということがよいと思います。日本語に限らず、どの言語でも、言語習得には多くの時間がかかります。考えてみてください。私たち日本人も、赤ちゃんの時から父母・兄弟姉妹という家族、あるいは育ての家族や恩人を通して、ずっと46時中日本語の環境の中で育ちます。そこに**英語の環境**を加えてもいいのです。聞くところによると、一般的に人間は、個人差はあるでしょうが、脳細胞の一部しか通常使っていないそうです。つまり他の言語環境を同時に与えてもオーバーワークになったり、特に脳に負荷がかかりすぎることにはならないそうです。そのいい例が外国にたくさんあります。例えば、ヨーロッパの国々は地続きにも関わらず、民族が違うので多くの言語が使われています。そのような環境の中では、無理なく自然にバイリンガル（2ヵ国語を使える人）やトライリンガル（3ヵ国語を使える人）になる人々も少なくありません。同時に覚えるからといって、そこに違う言語によって頭の中に混乱が起こるわけではありません。私も日本語も、また（それなりに）英語も喋りますが、言ってみれば、日本語を喋るときは日本語脳に、英語を喋るときは英語脳になっているようです。英語を喋るときは、最初から英語で喋っていて、日本文を1度考え、それを英語に訳してから喋っているわけではありません。英語が喋れるということは、脳の中で棲み分けや区別が自然とできているからだと思います。

〈コラム11：ちんぷんかんぷん〉

　新約聖書学というのが私の専門分野の１つですが、この自分の研究をする場合には、私は聖書の原語であるギリシア語も使います。だからといって言語間（日本語・英語・ギリシア語）で混乱することはまずありません。むしろ幾つかの違う言語を知ることで、理解の助けになることのほうが多いような印象です。例えば、ギリシア語（Greek）のこの用語やあの用語は、日本語ではこう訳され英語ではこう訳されているのか、あるいはこのニュアンスの違いは日本語だけでは表現しきれないけれど、英語ではこのように表すことができるのか、とか、またはその逆であったりすること等、面白い発見が時々あります。

　また私は、米国の大学院生時代にこのギリシア語を英語で学んだため、ある程度日本語の理解も進みました。言い換えれば、日本語文法や英語文法を再確認するよい機会にもなりました。もちろんギリシア語を直接日本語で学ぶよりは、手間も時間もかかりましたが、上記のように逆に理解しやすい面も少なからずありました。これは余談ですが、他言語間では翻訳に苦労する表現があります。例えば、言っていることが何にもわからない、理解不明という場合に使う「ちんぷんかんぷん」という日本語がありますが、英語ではどのように表現するのでしょうか。面白いことにアメリカ人は「It is all Greek to me!」と言います。訳すと「私にとってそれは全くギリシア語だ！」。アメリカ人にとって、

ギリシア語は外国語なので全く分からないという意味合いです。実は、日本人がアメリカでギリシア語の習得に苦労しているのを見た私の米国の友人たちが何度も、心配な顔をして私にこんな質問をしてきました。「お前のギリシア語はどんな具合か、ちゃんとついていっているか。」すかさず私は「Oh! It´s all Greek to me!」と言うと、みんなドッと笑ってくれました。

6.2. 幼少期と英語の発音

　さて幼少期から英語の環境を加える、つまり英語に日常的に触れることは、英語に慣れることにとってよいことだと述べましたが、これについてここで少し紙面をとって説明したいと思います。

　特に**幼少期から英語に触れるメリットは、やはりリスニングと発音**です。通常の人間の機能として、自分が耳で聞き取ることができる音は、自分でも真似できたり発音できるようです。逆に言えば、聞き取ることができない音については、自分の口で再生することはできないのです。このことは英語の発音にとって、とても大きな意味を持ちます。英語を学習する人はネイティブのように話したいと思っていると思います。ネイティブのように話すにはネイティブの発音を聞き分けられなければ、ネイティブのような発音にならないということです。皆さんもご存知のように、英語には日本語に無い発音があります。例えば、「th」「(l) r」「v」「ア」。これらを聞き分け、発音できるようになると、俄然ネイティブの発音に近くなります。もちろん完全に

ネイティブのように話すには、話すスピード、アクセントやイントネーション（抑揚）も大事になってきますが、ただ先ほどの幾つかの発音をマスターすることで、だいぶ違ってきます。そして、この聞き分ける能力については、その能力が発達するいちばんの時期が幼少期だと言われています。その絶好の時期に、英語を普段から聞くことによって、無理なく自然に英語の発音を身につけることができます。前述のように、聞き分けができるということは、言い分けができるということにつながります。普通の日本人は、中学生ぐらいになると、すでに日本語の発音で口が慣れてしまい、日本語にない他言語の発音を習得することがかなり難しくなります。特に、カタカナで英語を発音することを覚えてしまうと、正しい英語の発音に矯正することが難しくなります（カタカナ英語の弊害）。だからこそ、幼少期から英語に触れさせておくことが大事なのです。もちろんこの時期に英文法を教えることは無意味です。日本語もある程度喋れるようになって、学校に上がって文法を習い、「あー言葉を喋るのはこういうことだったのか」「こういう仕組みで話していたのか」ということを習うわけですから、英語もそれと同じでよいと思います。

　ちなみに、英語の読み方を主に児童に指導するために、英語のつづり（スペリング）と発音の規則性を教えることによって、ある程度正しく発音できるように導くという方法があります。これを**フォニックス**（**Phonics**）といいますが、これを教えている教育機関（一部の小学校や英会話スクール・教室等）で学ぶのも一手です。

6.3. 幼少期の英語の環境作り

　前項で発音の話をしましたが、ここで、**子どもたちが楽しく英語に触れる環境作り**という話題に戻れば、無理なく自然に英語の発音が身に着く絶好の幼少期に、生の英語を普段から聞くことがよいと改めて伝えたいと思います。では具体的にどのように英語の環境作りをしたらいいのでしょうか。もちろん経済的な面は人や家庭でそれぞれ違うでしょうから、自分たちに合った方法を見つけることが大事です。経済的に余裕がある人は、高い英語の教材を与えたり、ネイティブ講師から個人レッスンを受けたり、子ども向け英会話教室やインターナショナルスクールのような所に通わせることもできるでしょう。今ではHobby と English を合わせ「ホビングリッシュ」といって、スポーツやダンスや芸術等を学びながら英語を学べるスクールも流行ってきているようです。小さな時から楽しく英語に親しむことはとってもいいことですね。

　それほど余裕がない家庭では、誰もが好きなディズニーの映画や外国の漫画やアニメーションを英語で視聴させるのもよいと思います。特に子どもは、自分が興味を持つものについては好奇心も集中力も旺盛です。一度好きになると飽きるまでとことん繰り返して視聴します。実はこの**繰り返しが大事**なんですね。繰り返しているうちに、好きなフレーズを覚え、自然と口に出していきます。ダンスや振り付けがあればそれも真似します。五感を使って英語に親しむことができるわけです。そこま

でになれば、自分でTVやDVD/ビデオを操作して勝手に楽しむようになる子もいます。一時期ディズニーの「アナと雪の女王」という映画が流行り、その主題歌の「Let It Go」を日本語でも英語でも繰り返し歌っている子どもたちがたくさんいました。そのような感じです。中には、場面に合わせて英語のセリフを喋るすごい子どもたちもいました。同様に大人の場合も、好きな洋楽を見つけて真似てみてください（第3章2.2. 音楽の項参照）。

　でも気をつけて欲しいのは、時々そのようになるために、子どもに無理にモノを英語で見たり聞いたりさせようとする親がいます。これは時には逆効果になることもありますので、無理強いはやめましょう。では、どのように興味を持たせるかというと、まずは親がそれらの映画やアニメを楽しそうに見ることです。そうすると小さな子どもは、何がそんなに面白いんだろうと思って好奇心を持ってそばに寄ってきます。そうするようになったら、子どもと一緒に楽しんでください。そうしているうちに、おそらく親なしでも子ども自身で英語に触れる習慣を続けられるようになるでしょう。また外国人の家族が同じ町内に住んでいれば、子ども同士で遊ばせるのもよい手で、実際にそうやっている日本人の親御さんもいます。とにかく楽しみながら、また楽しませながらやりましょう。

　もちろん楽しみながら英語を学ぶということでは、**英語学習ソフト**を使ってゲーム機で遊ぶことも可能です。単なる語彙力増強から、頭の体操を兼ねた英語ソフト等それなりにあるようです。今では、ロールプレイングゲームでは、インターネットを介して、日本人や外国人とゲームを一緒に行えるものもある

ようです。このような e ゲームでは、外国人と直接英語で話しながら、ゲームを楽しむことができるわけですから、昔に比べれば、それこそ自分に合った方法を見つける敷居は低くなったように思います。80 年代 90 年代ではペンパルといって、外国人と手紙のやりとりをして英語力を伸ばす方法もありましたが、往復で 2 ～ 3 週間ぐらいかかる郵送時間は、デメリットだったように思います。やはり技術の進歩は、至る所に恩恵をもたらしてくれているようです。これと関連した e-learning やテクノロジーについては、それらの箇所をご覧ください（第 2 章 2.2. e-learning、同 2.3. 英語コミュニケーションを助けるテクノロジー）。

YOU ARE PRECIOUS
AND HONORED
IN MY SIGHT.

第 4 章

異文化理解

Chapter 4:
Intercultural Understanding

HOPE DOES NOT
PUT US
TO SHAME.

THE TRUTH
WILL SET
YOU FREE.

これまでの３つのカテゴリー（第１章～第３章）では、実際にどういうふうにしたら英語力が伸びるのかについて、具体的な方法を紹介してきました。私たち日本人が英語を喋るということは、言わば異文化の言葉を喋るということです。その異文化の言葉を喋り、異文化の人たちと十分に、あるいは誤解なく意思疎通を図るには、その異文化を知ることが重要です。何故ならその言葉は、それを使用する文化や国・地域の中で育まれてきたからです。どういう言い回しや表現が、どのような場面で使われているのか、またどういう言葉遣いや表現が場面・場面で最もふさわしいのか、判断に悩むことがありますが、その言葉を喋る異文化の情報を知れば知るほどおのずと分かってきます。また実際のコミュニケーションばかりではなく、私たちが日本にいて外国の雑誌や文献資料を読む際にも、言葉の意味だけでなく、その背後にある外国語の文化・歴史・生活や社会の情報がとても役に立ちます。一般的に背景知識が多ければ多いほど、的確に内容把握することができるでしょう。

　実はこれに近いようなことは、中学生や高校生でも英語学習でやっています。英語テキストでまだ知らない意味の言葉がでてくると、普通は英和辞書でその意味を調べるでしょう。しかし、その言葉が１つの意味だけでなく、幾つもの意味をもっている時にはどれが適切か迷ってしまいます。そうすると私たちは、テキストに戻り、その言葉が使われている文や文脈に注目し、どのような状況の中で、その言葉が使われているかを考えるのです。そして幾つもの意味の中からいちばん適切と思うものを選ぶわけです。言葉そのものだけでは本当の意味が分から

ない時には、文や文脈の背景知識を頼りにすると、適切なものが分かります。基本的にその背景知識が多ければ多いほど選択肢が増え、的確に内容を把握することができます（もちろん多くの情報に流されてしまわないように気をつけないといけない場合もありますが）。したがって、異文化を理解するということを通して英語の背景知識を持つことは、英語力を向上させるのに役に立つわけです。

そこで本章では、英語にまつわる私の経験、特に海外経験やその時の旅行エピソードを紹介することで、**異文化を理解する**一助になれば幸いです。さらに理解するだけでなく、異文化や海外にさらに興味を持ち、英語ができるということが単に語学がうまくなるというだけでなく、読者の皆さんの世界や視野が広がることに繋がれば望外の喜びです。

1. 最初の海外留学・旅行エピソード

1.1. 職務質問

前述したように、私は1980年代に、米国の大学院に約3年間留学したことがあります。その時のエピソードを幾つかお話したいと思います。

そのアメリカ留学は、20代の私にとっては初めての海外留学でした。しかもそれまでに「海外」に行ったことはと言えば、九州の大分県から海を渡ってフェリーで関西に行ったことぐらい

です（笑）。ですから、この留学は最初から右も左も分かりませんでした。渡航するための入学手続きやビザの申請も大変でした。いろいろと英語で書類を用意し、間違いがないかどうかを確かめるのが大変。日本の大学での成績証明書を取得したり、恩師に推薦状を書いてもらったり、先輩や知人に聞きながら申請書類を書いたと思います。その頃は今のように、インターネットやEメールも普及していなかったので、やり取りは全部郵送で、全部の手続きが完了するのに数ヵ月もかかりました。

その手続きの最中で笑えるエピソードのいちばんは、福岡のアメリカ領事館に留学ビザを申請に行った時のことです。大分から福岡に行く前日、一張羅のスーツを汚してしまい、それをクリーニングに出す羽目になりました。まあスーツはなくとも、スラックス（パンツ）とジャケットで代用できるだろうと思い、幸いスラックスは見つけました。でも、そのスラックスの色と合うジャケットを持っていなかったので、領事館に付き添いで行ってくれる知人から即席でジャケットを借りることになりました。しかしその知人は日本国籍のハーフで、私よりも一回りも大きな体格です。したがって、ジャケットはサイズ的に少しだぶだぶで、色もスラックスと合わない感じです。かといって、領事館での申請締切時間に間に合うためにはもう時間がありません。まあ何とかなるだろうということで、それで大分を車で出発しました。道中は特に問題なく、到着してから福岡の領事館近くの駐車場に車を止めて、足早に2人で歩いて行きました。領事館の周りには警備のために、通常日本人の警察官が待機しているようです。その日の申請期限の時間が迫る中、なんと2

人の警察官から途中で止められてしまいました。何も悪いことをした覚えがないのに、職務質問です。「どこから来たのか、何しに来たのか」等、まあ普通のことを最初聞かれましたが、途中から「君たちは何人か、いつ日本に来たのか」等と聞かれました。2人ともれっきとした日本人のはずでしたから、ちょっと驚き戸惑ってしまいました。それで領事館に来た理由を述べ、運転免許証を見せたらようやく疑いが晴れたので、まだ何が起こっていたのかを考える暇もなく領事館へ急ぎました。無事に申請が済んで、領事館の建物を出るときに、ガラス窓に映った自分たちの姿を見て、なるほどと思いました。知人は日本人的ですが一応ハーフですから、警察官には純粋な日本人には見えなかったようです。それよりも問題だったのは、私がダブダブのジャケットで、上下の服の色が不自然で、見るからに日本に来たばかりの、あり合わせの服をあてがわれた変なアジア人のようだったのです。自分たちにもそう見えたので、その時「あ〜、なるほど」と2人で声を上げて笑いました。

1.2. 初めての海外留学で荷物の紛失

　次のエピソードは、海外旅行のあるある話です。先ほどの米国行きが本当の意味での、私の初めての海外留学ということはすでにお話ししました。もちろん今度は付き添いがなく、1人でアメリカに向かいました。出発当日、無事に福岡での出国手続きも済み、大韓航空の飛行機に乗り、ソウル経由でまずロサンゼルスに向かいました。日本の航空会社よりも運賃が安かったからだと思います。太平洋横断ですから、長いフライトでよ

うやく西海岸のロサンゼルス空港に到着しました。そこは次の目的地である東南部のアトランタへの乗り継ぎ空港でした。確か2時間ぐらいの乗り継ぎ時間があったと思います。乗り継ぎと言っても、ロサンゼルスが最初の入国地だったので、一旦飛行機から降りて入国手続きをした後に、次の搭乗便の受付カウンターに行くことになっていました。入国手続きと税関手続きの際は、果たして自分の英語が通じるだろうかとドキドキしていましたが、緊張しすぎていると下手に疑われると聞いていたので、努めて笑顔でハキハキと質問に答えました。「次の目的地はどこか、滞在場所はどこでどれくらい滞在するのか、何しに来たのか」等聞かれましたが、必要最小限の英語で答えたと思います。入国に必要な書類は揃っていたので、思っていたよりすんなりとそれらの手続きが終わり、やれやれと深呼吸をしました。ただロサンゼルス空港は乗降客が多く、手続きに少し時間がかかったことくらいが難点でした。

　しかし問題は、次の搭乗便の受付カウンターに行く1つ前の段階で起こりました。正確には、大事な荷物が入った日本で預けたスーツケースが出てこないのです。大韓航空の搭乗便からの荷物の受取り台で、最後まで待ちましたがやっぱり私のスーツケースがでてきません。見つからないのです。本当ならここでその荷物を受け取って、次の搭乗便の受付カウンターに急いで行かなければなりません。次の出発時刻まで時間の余裕はありません。私はもう真っ青です。大事なものは手持ちバッグにありましたが、そのスーツケースの中身は、滞在に必要な衣服や靴、携帯できる家電用品、本や他の書類、少しばかりの日本

これで変わる！　あなたの英語力！ ── 英語の環境作りのススメ

の食料品等、私にとってはなくては困るものばかりでした。現地で新しく買うにしても、資金の余裕はありません。周りにも空港職員が見当たりません。「さあ、どうしよう」と頭の中で考えが堂々巡りをするだけで埒があかないので、「とにかく次の受付カウンターで、何とかならないか聞いてみよう」と思いました。でも、そういう時は何かとうまくいかないことが重なるもので、次の航空会社の受付カウンターが大きなロサンゼルス空港の中でなかなか見つかりません。ようやく見つけると、列に並びました。今にでも最前列に飛び出して窮状を訴えたいという思いを我慢して、自分の番を待ちました。待ってる人たちが数名だったのが幸いでした。ようやく自分の番が来て、カウンターでグランドスタッフに状況を話しました。「預けていた自分のスーツケースが出てこない」と、身振り手振りも含めて必死で伝えました。でも充分に言いたいことが英語で出てこなくて焦りました。最後の手段で、「これくらいの大きさのスーツケースで何色で、名前のタグも付いている」というような情報を紙に書いて渡しました。もう少ししっかりと英語を話せるものかと思っていましたが、こういう状態では平静心を保てずに焦ってしまっていたようです。もちろん、係員もそれなりに対応してくれましたが、すぐにはその荷物の場所がわからない様子でした。そして「この空港で荷物が見つかるまでもう少し待つか、それとも次の飛行機に乗るか、どうしますか」と聞かれたようだったので、予約をした便でなければ、新たに搭乗券を買わなければならないし、そんな余裕もないので、仕方なくほぼ諦めて次の便に乗ることにしました。そこで予定の搭乗券

を受け取り、搭乗ゲートに足早に移動しました。ギリギリでアトランタ便に乗りこみましたが、気持ちはもちろん落胆していました。乗っている間、「時々預けた荷物が紛失する、日本の空港のようにしっかりしていないので荷物の取り扱いを間違える、稀であるが場所によっては地上職員が荷物をかすめ取って捨てる」等と人から聞いていた話を思い出しては、これからどうしようかと考えていました。でも頭の片隅のどこかに、必ず荷物は戻ってくるという淡い期待も持っていましたが。

　数時間後にはアトランタ空港に着きましたが、そこからもう1つ乗り換えて、サウスカロライナ州の州都コロンビアに向かいました。そこが最終降機地です。1時間ぐらいのフライトでコロンビア空港に着くと、もちろんグランドスタッフに事情を話し、もし見つかったら、これこれの住所に連絡して欲しいとメモを残して、その日の宿泊地に移動しました。あまりに落胆していたので、自分で宿泊地に移動したのか、誰かが車で迎えに来ていたのか、はっきりと覚えていませんが、おそらく日本で牧師をしていた先生が先にコロンビアに行っていたので、彼がそこに迎えに来てくれていたようです。そのような心理状態だったので、大変助かりました。さて、このエピソードの結末は、私の荷物がアラスカのアンカレジにあるということが分かり、搭乗日から約2週間後に私の手元にようやく戻ってきました。こういうことはあまりなく、今回はラッキーだったと聞きました。私は嬉しくて飛び上がりましたが、一段落すると「最初から荷物を紛失するな、全然ラッキーでもないかな」とも思った次第です。

1.3.　飛行機撃墜事件

　次のエピソードは、後から知って驚くとともに、少し恐怖を感じたものでした。前項で、一時荷物を紛失したものの無事に留学先に到着した話をしました。到着した後、日本出発以来久しぶりに TV を見ていると衝撃的なニュースが飛び込んできました。それは、東アジア上空を飛行していた民間旅客機が、ソ連（今のロシアの前身）の軍用機からのミサイルによって撃墜されたというものでした。話によると、その旅客機が何かの理由で通常の運行ルートを外れてソ連の領空を侵犯したので、ソ連の戦闘機がミサイルを発射したための誤爆とのことでした。その旅客機は、アメリカのジョン・F・ケネディ国際空港を出発して、アラスカを経由して韓国のソウルに行く予定のボーイング 747（通称ジャンボ機）で、当然多くの乗客が乗っていました。乗員・乗客合わせて 269 人全員が死亡し、中には日本人もいたとのことです。TV を見ていた知人たちと思わず「ウッソー。そんなことがあっていいわけない」と、顔を見合わせていました。しかもさらに驚いたことに、その旅客機は大韓航空機で、私が利用した飛行機と同じような航路（アラスカを経由）ですが、反対向きに韓国に行く便で、なんと私が乗った便と同じ日にアメリカを出発したものだったそうです。もしかしたら、私の乗っていた便がそういう事故に遭遇していたかもしれないと思うと、恐ろしくて、しばらく言葉が出ませんでした。それは 1983 年のことで、当時はスマホでニュースを見るようなインターネットもありませんから、飛行機での旅行中は、日本や世界で何が

起きてるかを、私はほとんど知る由もありませんでした。

1.4. 名前の呼び方

これは日本人が欧米諸国に留学した時に、ほとんどの人が感じる留学あるある話です。それは私たち留学生が、大学や大学院で私たちを教えてくれる教授をどのように呼ぶかという問題です。日本人なら、尊敬を込めて先生の名字（Family/Last name）で呼ぶのが普通です。例えば、伊東先生というように、名字に先生や教授をつけて呼びます。しかし欧米では、First name basis、つまり目下の人であろうが目上の人であろうが、たとえ自分の恩師であろうが、ファーストネームで、敬称やタイトルをつけずに呼ぶのが通例です。したがって、私も最初はとても戸惑いました。なぜなら、日本に居る時の経験では先生を、面と向かって下の名前で呼び捨てにしたことは1度もありません。日本の文化ではそんな習慣はありません。したがって米国に来たての最初の1〜2ヵ月は、恐る恐るの毎日でした。特に日本から来た一留学生が高名な先生を前にして、ファーストネームで呼ぶことは口が裂けても言えません。それで最初はどうしても「Professor 〜」と無意識のうちにでてきます。そうすると、先生もその度に「下の名前でいいよ」と言ってくれるわけです。私は大学院生でしたが、周りを見ても、高校でたての青二才に見える米国の大学生でも、平気で「ヘイ、ジョン」「ハイ、ロバート」とまるで友だちに話しかけるように呼んでいます。それもそのはず、特に上下関係を感じさせない、友だち同士のような付き合いだからです。さしずめ同じ目標に向かって

進んでいる同志のような感覚でしょうか。そういう感覚を私も感じながら過ごしていると、興味深いことにだんだんとその色に染まり、とうとうファーストネームで呼ぶことができるようになっていきました。不思議なものですね。

1.5.　トレーラーハウスの驚き、その他

ここまで述べてきたように、今回が初めての海外留学だったので、見るもの聞くものが全て新しいことやモノばっかりです。特に日本では考えられないようなことに遭遇したときは何度もびっくりしました。例えば、家が動く話です。

ある時、車で買い物に行こうと思い、車に乗って大きな道路に出た時のことです。なんと対向車線ですが、家のようなものがトレーラーとして自分の方に向かってくるのです。反対側の真横を通った時に確認したのですが、やっぱり窓やドアがついた家なのです。ちょうど長方形の長い方の真ん中を切った感じの形で、それがどうも全体の半分のようでした。長さ的には、よく覚えていませんが、15m から 20m ぐらいはありそうでした。日本人の感覚だと、家は固定されたもの、つまり不動産だと通常思っていますが、アメリカでは必ずしも不動産ではないようです。家さえも動かそうとするその発想には驚くばかりです。今では日本でもキャンピングカーやトレーラーハウスを見かけるようになりましたが、なんせ私がアメリカに行ったのは1980 年代ですから、日本ではまだ普及しておらず、私は見たことがなかったから驚いたわけです。そんな私が、よもや自分もトレーラーハウスに住むようになるとは思ってもいませんで

したが、そのことを後日経験することになります（「第4章 2.1.4. 住居としてのトレーラーハウス」参照）。

　留学したての初年度は、まず大学の寮に入れてもらいました。その時は、寮といっても、実際は大学が大きな家を借り、何人もの学生を一緒に住まわせていたところです。私は、ラテンアメリカのメキシコ人の2人と一緒になりました。大体はおとなしい日本人からすると、彼らの日頃の陽気さは特筆ものです。年がら年中、身体でリズムをとりながら、歌っているのです。一緒に自炊もしたので、日本の料理やメキシコ料理をお互いに作って食べたりしていました。スパイスの効いた料理等、自分には驚くことばかりで、楽しい異文化経験になりました。この大学には私は3ヵ月ほど在籍したと思います。これについては、「第1章 2.3. 間違いから学ぶ」の箇所で話したように、純粋に英語を上達させる大学附属の語学学校でした。その甲斐もあってか、大学院に行って学べるぐらいの英語力があります、という推薦状を書いてもらって（実はそうでもなかったことが後でわかりますが）、無事に志望の大学院に入学できました。

　その大学院でも寮（ドミトリー）に入れてもらいました。ここは大所帯で、何十人もの学生が生活を共にしているところで、そこでいちばん驚いたことは、さすがにアメリカ人、食事の量が多かったことです。寮にはカフェテリアがついていて、食べようと思えば1日3食そこで食事をすることができました。普段は大学のキャンパスに行っているので、キャンパスの購買部でパン等の軽食をランチに食べたりもしました。その先ほどのカフェテリアでの話ですが、みんな順番に並んでプレートに好

きなもの（主食とおかず、デザート等）をスタッフから入れてもらうことができます。周りのアメリカ人がプレートいっぱいに食事を入れてもらうのを横目に見ながら、私はその半分でいいという感じでお願いしたほどです。あれだけいつも食べれば、やはり身体が大きいはずです。私は時々友だちから、「お前はそれぐらいしか食べないのか。それで1日中エネルギーが持つのか」等と揶揄されていました。振り返れば、寮では46時中、英語漬けでしたから、ここで私の日常英語もある程度上達したと思います。私の英語の環境作りは、留学することで、それが可能になりました。

1.6. アメリカのステートフェアのなまりで困った話

　アメリカ人の発想法が、日本のそれと違うなあと思ったことは幾つかありますが、ステートフェア（State Fair ^{アメリカ合衆国各州において、各種の競技会やレクリエーションを含むイベント。}）というのもその1つです。その土地の特徴的な特産品や工業製品等を集めて物産展を開くことは日本でもよく見られることですが、アメリカの場合はそれに遊園地やコンサート等の娯楽的な催し物がくっついてきます。ですからそれはデパート等の建物の中で開催されるのではなく、屋外の大きな場所で、一時的に多くの人々を呼び込んで行われます。私が経験したのは1980年代ですが、今でも継続して開催している州もあります。

　私が行って楽しんだのは、サウスカロライナ州のコロンビアで行われたステートフェアでした。出店も並んで朝から晩までそこで楽しめるのですが、その発想が違うというのは、日本で

見るような遊園地の遊具、例えば、メリーゴーランドや小さなジェットコースター、フライングソーサーやゴーカート等を設置していたことです。話を聞くと、それらの遊具は、他の州で行われるステートフェアでも使えるように移動式になっていたことです。このコロンビアでのステートフェアが終わると、すぐに次の州に移動するとのことでした。日本では、おそらく安全性も考慮して、大きな遊具は遊園地にずっと固定されているので、それらの遊具を移動できるとは私は思っていなかったのです。トレーラーハウスといい、この遊園地で使う大きな遊具を移動して運ぶという発想はアメリカに来て私は知りました。やはりそれを動かすだけの幅の広い大きな道路が整備されていなければ、考えつかない発想です。

　ところで、そのステートフェアで、私は自分の使っている英語があまり使えないという英語方言の「洗礼」を受けました。このフェアに行ったのは、コロンビアに来て6ヵ月くらいは経っていたので、日常会話ぐらいはもう不自由なくできていたと思います。ところがです、私の英語がそこではあまり通じないのです。そのフェアに物産品を持ち込んだり、出店を出したりするのは、田舎も含めた地元の生産家であったり、他の州から来た人たちが多いわけです。このサウスカロライナは、地理的にはジョージア州やテキサス州といった南部に属する地域になります。ご存知のいる人もいるかもしれませんが、そうあの特有な「サザンアクセント」を使う地域なのです。「サザン、またはサザーン」というのは「南の」という意味ですから、言わば南部方言になります。「えっ、英語は1つの発音しかない

んじゃないの」と思ってる人もいるかもしれませんが、そんなことはありません。「第1章 2.1. 苦手意識について」でも話したように、英語は幾つもの種類があります。そしてアメリカ国内でも幾つもの英語の方言があります。この「サザンアクセント」は、強いクセのあるアクセントがあって、特に有名で、慣れていない人には少し厄介かもしれません。

　少し前置きが長くなりましたが、このステートフェアで私は英語方言の「洗礼」を受けたのです。私が日本人の友だち2～3人と一緒にこのフェアに行った時、昼頃になったので、何か食べようということになり、ホットドッグ等の軽食を売っている出店（フードスタンド）に行きました。そこで私は、「ホットドッグを1つ」と注文し、店主も「OK」と言って中で用意し始めました。そして「できたよ」と言って差し出されたのはホットドッグではなくて、なんと「コーラ」でした。なんでホットドッグではなくてコーラが出てきたのかいまだによくわかりませんが、「まあいいか」と思って受け取りました。コーラではないですが別の出店で飲み物も頼むつもりだったからです。もちろんその後少し粘って、「中にソーセージが入った長いパン」とか身振り手振りも加えて説明して、苦戦しましたが、何とかホットドッグも手に入れました。あまり通じなかったことが気になり、ホットドッグの味は全く覚えていません。

　さて、その後フェアをいろいろ見て回っていたら、少し汗が出てきたので、みんなでソフトクリームを食べようかという話になりました。それで別の出店でソフトクリームを頼んだら、「何味がいいか」と聞いてきたので、「バニラ」と答えましたが、

これが全然聞き取ってもらえません。何度も何度も挑戦しましたが、無理だったので最後には「チョコで」と妥協して注文を変えました。ただしこれは、方言の問題ではなく、私の日本語的な「バニラ」の発音のせいだと後でわかりました。英語では「バニラ」とは発音しません。（どちらかと言えば「ヴァニラ」のように）英語の綴りの通りに正しく発音しなければ通じなかったのです（詳しくは「第3章 6.2 幼少期と英語の発音」を参照）。

　後日談ですが、その後コロンビアで過ごしていると、私もだいぶこの「サザンアクセント」に慣れてきました。それが分かったのは、英国から来た友人を迎えて、サウスカロライナの田舎に遊びに行った時のことです。地元の人が話す英語をあまり理解しなかったその友人が、私に小声で「おい、今あの人何て言ったんだい？」と聞いてきたので、「これこれしかじかだよ」と言うと、友人は感心したように納得していました。つまり私は、「サザンアクセント」の英語を、英国人に通訳をしていたわけです。面白いこともあるものだと思いました。

1.7. CCM との出会い

　話は前後しますが、私が米国の大学院で学んだ専門領域はキリスト教の神学で、特にアメリカン・ミニストリー・トラックといって、主に牧師を養成する修士課程でした。卒業後は日本に帰って、教会で牧会（牧師として働く仕事）をするためでした。それと「第3章 2.2. 音楽」で前述したことですが、私は中学からギターを弾き始め、特に大学時代、自分のアマチュア・バンドで演奏し歌っていたほど音楽も好きでした。したがって、

キリスト教音楽に興味を持つのは自然なことでした。とは言え、伝統的な讃美歌や、クラシック音楽よりも、コンテンポラリー（現代的）な音楽形態により興味を持っていました。日本に居る時から、ロックやニューミュージック、それにゴスペル音楽と言われるものをよく聞いていたので、アメリカに行った時も、そこの友だちからいろいろな歌手やグループの音楽を教えてもらいました。特にアメリカに行って CCM（Contemporary Christian Music: コンテンポラリー・クリスチャン・ミュージック）というものを、特に意識するようになりました。

　私が最初に渡米したのは 1980 年代前半だったので、アメリカの CCM もちょうど発展期に当たるような時期で、キリスト教界内でその賛否が分かれるような状況でした。つまり、世俗で発達したフォークやロックの音楽形態を使って、聖なる神を賛美することはふさわしくないという風潮が少なからずあったからです。それ以前のヒッピー文化やロックの退廃的なイメージが、伝統的な教派・教会では受け入れがたいものだったからでしょう。しかしそのような逆風にもかかわらず、若いクリスチャンたちの間に自分たちの音楽スタイルに合った、自分たち独自の形で新しい賛美（音楽）を神に捧げたいという思いが強くなり、次々と新しい歌手や音楽グループにより、多くのヒット曲が誕生し、それはキリスト教界だけに限らず、一般の人たちの心をも次第につかんでいったのです。その証拠に、その後 CCM があのグラミー賞の対象になり、さらにグラミー賞の中に CCM カテゴリーが幾つか作られることになります。例えば、年間最優秀曲賞や年間最優秀新人賞等です。もちろん、CCM

業界でもその素晴らしい音楽活動を奨励し発展させるために、独自のダブ・アワーズ（Dove Awards: ダブ賞）というものも作られました。ダブ賞とは、平和の象徴である白い鳩を冠にした音楽賞です。このように、時代とともに新しい文化が生まれ、今では YouTube 等のネットでも容易に CCM を視聴することができるようになりました。

　そういう中で当時私が聞き始め、好きになったミュージシャンはたくさんいます。アルファベット順に言うと、Amy Grant, Ce Ce Winans, David Meece, Glad, Imperials, James Vincent, Kathy Troccoli, Keith Green, Koinonia, Larnel Harris, Maranatha, Michael W. Smith, Morgan Cryar, Petra, Phil Keggy, Roby Duke, Sandi Patti, S. C. Chapman, Stryper, Twila Paris, White Heart 等です。そういうアーティストを好きになると、機会があれば直接そのステージを見たいと思うものですね。私も、在米中に何回か機会を得てコンサートに行きました。というよりも、友だちに連れていってもらったと言う方が正しいかと思います。いずれにしても、一般の音楽と同じように、クールで格好いい曲はもちろんのこと、歌詞については、神・イエスキリスト・信仰・希望・愛・天国・伝道等をテーマにしたものになっていました。それ以降も南アへの留学を経て日本に帰ってからの 2000 年代にも Anointed, Bryan Duncan, Jaci Velasquez , Jars of Clay, Jeremy Camp, Hillsong, Point of Grace, Stacie Orrico, Take 6, Venna, Wayne Watson 等も聴いていました。2011 年に再度、米国や南アに行った時にも、新しいミュージシャンの音楽にも出会いました。例えば、Angra, Jessica Simpson, Kutless, Lena Maria, Natalie Grant, Nicole Mullen,

Point of Grace, Sanctus Real, Skillet, Starfield, Third Day 等です。

　もちろん日本でもクリスチャンアーティストやグループが最
近多く活躍するようになってきました。その音楽ジャンルも増
えてきて、いろいろな形で神や信仰について歌う人たちが出て
きて嬉しい限りです。その草分けの代表的な人たちとして、人
によっては理解が違うかもしれませんが、上原令子、メッセン
ジャーズや、精力的に活動しミクタムレコードを起こした小坂
忠（1960年代当時で日本のロック界の先端をいくバンドとされた「エ
イプリル・フール」の元メンバー）や、彼とペアを組んでいた岩
淵まことらのミュージシャンたちでしょう。また昨今のゴスペ
ルブームに乗って、ゴスペルクワイアも各地に起こされていま
す。彼らは英語のゴスペルソングをそのまま英語で歌う場合も
多いので、楽しみながら英語に触れることができます。ただ、
本書は「英語の上達法」について主に書いてあり、基本的に英
語の曲ではない日本のCCMについては、残念ながらここでは
詳細を割愛します。

ちなみに、讃美歌も含めてクリスチャンソングを時に歌っていたり、聖書的題材をその歌詞の中に取り上げていた有名なポップミュージシャンやロックバンドの中には、Backstreet Boys, Bette Midler, Beyonce, B. J. Thomas, Bon Jovi, Elvis Presley, Eric Clapton, Justin Bieber, Kansas, Mariah Carey, Michael Jackson, Pat Boone, Philip Bailey (Earth, Wind & Fire), U2, Simon & Garfunkle, Whitney Houston らがいます。きっと探せばもっといることと思います。もし読者の皆さんの中にこのようなミュージシャンを好きな人がいれば、改めて曲目やその歌詞を眺めてみてください。「へーこんな人がこんな曲を歌っているのか」と驚くことがあるかもしれません。

　話を元に戻すと、最初の渡米前後から CCM を聞き始め、以来他のジャンルも含めて私は音楽に囲まれて過ごしています。今は YouTube、ネットラジオやストリーミングサービスがあり、日本にいても CCM の英語の曲を聞ける環境で毎日英語に触れています。時々英語で CM（コマーシャル）が入ることもありますが、それも英語なのでリスニング力の維持や向上にもつながります。

2.　世界を飛び回った話

　私の最初の海外留学・旅行エピソードということで、ここまで少しお話してきましたが、ここで全体的に振り返ってみたい

と思います。自分でも今までにどんな国のどんな所に行ったことがあるのかということを確認するよい機会になりそうです。

まず、私の最初の海外渡航はアメリカに留学した時のことです。繰り返しになりますが、出発地は自宅のあった九州の大分で、そこから車で福岡空港まで行き、大韓航空機で**ソウル**を経由して北回りで**ロサンゼルス**に行きました。前に話をしたように、そこは国内便への乗り換えのために数時間空港内にいただけです。そのロスから東海岸のサウスカロライナ州の**コロンビア**へ向けて行くのですが、コロンビアには大きな空港がないので、途中ジョージア州**アトランタ**で少し小さな飛行機に乗り替えました。アトランタ空港はアメリカ東南部のハブ空港になっているためか、大きくて、確か空港内にトラム（電車）が走っていて、搭乗ゲート間の移動に使われていました。やはりなんかアメリカは違うなと思いました。

　次に飛行機に乗ったのは、コロンビアについてから約1年後のことでした。帰国の経路は今ではよく覚えていません。おそらくコロンビア空港からアトランタ空港を経由して、北西部にある**シアトル**空港に行ったと思います。今でこそイチロー選手が活躍したシアトル・マリナーズの街として有名ですが、その時はそれほど日本人には有名ではなかったと思います。日本からアメリカ西海岸に行くのに、だいたいロスかサンフランシスコか、このシアトルを目指すことが多いようです。そのシアトルでは、空港から出て観光をした記憶が無いので、そこは単に乗り換えで、おそらく**ソウル**経由でそのまま日本の福岡空港に帰ったと記憶しています。

2.1. 2度目のアメリカ

さて、前項で述べたように、コロンビアでの1年目が済んだ時、1度日本に戻りました。久しぶりの日本なので家族や友人たちとの嬉しい再会の時になりましたが、いちばんの理由は日本に残していた婚約者と結婚するためでした。そして無事に結婚式をあげた後、またアメリカに戻ることになりました。

2.1.1. ハワイ

2度目のアメリカ渡航は1984年で、連れ合いと共にコロンビアの大学院に行く旅でした。このときは新婚旅行も兼ねて途中でハワイに2〜3日の間滞在しました。そのため確か福岡空港からノースウエスト機の直行便でハワイに行きました。初めてのハワイ滞在です。適温で乾燥した飛行機内で7〜8時間ずっと過ごした後だったので、ハワイ空港に着き飛行機から降りた時は、海が近いせいか潮の匂いとムッとした湿度と温度の高さに驚いたのを覚えています。「あ〜これがあのハワイか〜」と思いました。このときはまだ、ダニエル・K・イノウエ国際空港ではなく、ホノルル国際空港という名称が使われていました。ハワイ州出身で日系アメリカ人初の連邦上院議員だったイノウエ氏に由来するこの名称は、2017年から使用されているそうです。ハワイでの滞在は、自分たちが若いこともあって、見るもの・聞くもの・触るものが新鮮で、またワイキキビーチでも泳いだり、近くのマーケットに行ったりして、もちろん楽しいものでした。ただ珍しい食べ物にあたったのか、連れ合いが腹

痛を起こし、海外で初めてクリニックに行きました。幸いにもそれほどひどいものではなかったので、薬をもらって少し安静にしていればよかったので、一安心しました。なぜなら、2日後にはアメリカ本土に向けて飛行機で出発することになっていたからです。アメリカでは診療・治療費が高く、当然日本の国民健康保険もすんなりとは使えないこと（通常は先払いして帰国後請求することになっていて、3割負担でも高額になること）を知っていたので、日本を出発する前に海外旅行保険に加入していたので助かりました。その加入保険カードを見せると、保険会社に直接請求してくれるシステムだったので、私たちは現地では1円も払わずに治療を受けることができました。

（写真：ワイキキビーチ）

2.1.2. ロサンゼルス

そんな思い出のあったハワイを後にして、私たちは再びロスに行きました。このときはロスでも2〜3日滞在しました。1つには、義父からことづけられたものをロスのグレンデールに住んでいる友人に渡すためでした。しかしその前に、一度宿泊先のホテルにチェックインする必要がありました。ロスの街中

は初めてで、ロスの空港からその町はずれにあるホテルに行く方法が少し複雑だったので、重い荷物もあり、迷わないためにも、友人の勧めでタクシーを使うことにしました。空港の表玄関を出た後、タクシーを探していると、1人の男性が「どこに行くの」と声をかけてきました。ちょっとうさん臭そうだったのですが、右も左も分からない状態だったので、彼の「タクシー」でホテルに行くことにしました。乗車してわからないなりにも地図を見ながら、窓の外の景色を眺めていると、何となく方向が違うように思いました。彼に「本当にこっちの方角でいいのか」と聞くと、「大丈夫、大丈夫」と言いつつ、進む方向を少し変えたように思えました。時間的には、知人に知らされていた時間よりは少し多めにかかったようですが、一応無事にホテルに着きました。後で分かったことですが、彼は「白タク営業」だったようです。つまり民間人が自分の車を使って、勝手にタクシーの営業をしている類です。そういえば、普通のイエローキャブでもなく、ちょっと古そうな車だったし、料金も高かったので「ぼられたかな」と後で思いました。ただ白タクがらみで犯罪に巻き込まれたりすることもあるらしいので、「今回は無事に着いたので、まあそれでよしとしよう」と思い直しました。もちろん2度と白タクを利用しないように気をつけたことは言うまでもありません。

　ちなみにロサンゼルスは、Los Angeles と英語で表記するので「ロス・アンジェルス」と呼ばれることもありますが、2語を切らずに続けて発音するのでロサンゼルスと呼ばれることが多いようです。さしずめ天使たちの街ということのようです。私

が行った 1980 年代の日本では、省略して「ロス」と称されることが多かったようですが、ある事件からそれに伴う否定的な意味から、今は「LA」と省略して呼ばれているようです。

ディズニーランド

皆さんもよくご存知のディズニーランド（DL）も、現在ではアメリカ・パリ・千葉・香港・上海等幾つもあります。アメリカには、ディズニー系列ではいちばん大きいものが東海岸フロリダのオーランドという所にあります。西海岸にはこの LA にあります。私たちは、せっかく LA に 2 〜 3 日だけでも滞在することになっていたので、物を渡すだけではもったいないので、1 つぐらいは観光しようと計画に入れていました。LA にはたくさんの観光名所があるのですが、私たちの頭に浮かんだのは Universal Studio か、DL のどちらかでした。そこは自然と DL を私たちは選びました（大谷翔平選手所属のエンジェルスの本拠地アナハイムの球場近くだったようです）。遠い昔の話なので、今となっては詳細を覚えていません。なにせアメリカは車社会ですから、車がなければなかなか移動もできないので、DL に行った時確か私たちも一応レンタカーを借りて行ったような記憶があります。DL に入場すると、園内も広くアトラクションも多いので到底 1 日では回れませんが、主なものにはチャレンジしようと園内を足早にいっぱい移動しました。当時は東京の DL にも行ったことがなかったので、見るものすべてが新鮮だったこと、そして「楽しかったなあ」ということを覚えている程度です。そして次は、この LA から少し離れたアリゾナ州のグランドキャニオンに行きました。少し離れたと言っても、このグ

ランドキャニオンにいちばん近い空港のあるフラッグスタッフでも、LA からやはり飛行機で1時間半ぐらいかかる所だったと思います。

2.1.3. グランドキャニオン観光でのヘリコプター墜落事件

　グランドキャニオンでは、やはり行ってみてよかったと思うほど、素晴らしい自然の風景を満喫できました。景色のよい断崖に1〜2時間ずっと座って、太陽の傾きにしたがってキャニオン（峡谷）の雄大な景色が変わってゆくのを堪能しました。本当は、朝から昼そして夜と1日中そうしていたいと思うくらいでしたが、時間が限られていることもあり、ここにはヘリコプターでの遊覧飛行があると聞いていたので、上からの絶景も見たいなと思っていました。しかし留学生にとっては2人分の料金は高く、悩んだ挙句それは断念しました。それが、グランドキャニオンでの唯一の残念な思い出となりました。しかしその後、予約していた宿泊ホテルに戻り、夜に TV を見ているとローカルニュースで、前述の飛行機撃墜事件のように、後から知って少しゾッとした話を聞きました。当日観光客を乗せて遊覧飛行をしていた2機のヘリコプターが空中衝突して死亡者が数人出たと報じていました。私は言葉を失ってしまいました。このようなことが続くと、誰かに守られているような感覚を持ちました。実は振り返ってみると、大学4回生の時、用事で大分から大阪に行ったとき帰路はフェリーで帰りましたが、そのフェリーが瀬戸内海で座礁事故を起こし、命拾いをしたこともあります。沈没するほどの大きな事故ではありませんでしたが、

操舵手が操船を誤り途中の小島に船を乗り上げてしまったのです。衝突時、私は寝ていたので、ドーンという大きな音と衝撃に驚いて、すぐさま甲板に出ましたが、甲板に出る扉を開けた途端、船がぶつかった大きな岩山が、覆いかぶさるように目の前に迫って見えました。その時の光景は今でも鮮明に覚えています。人生にはいろんなことがつきものですね。

　ともあれ、基本的に私たちの楽しい（？）新婚旅行はこの絶景グランドキャニオンで終わりました。そしてこの後、東海岸のコロンビアでの院生生活を送ることになります。

Grand Canyon グランドキャニオン

[https://trailheadtraveler.com/grand-canyon-national-park/]

2.1.4.　住居としてのトレーラーハウス

　ここからは、コロンビアに行ってからの話です。今回はもう独身者ではなかったので、独身者用の寮には住めませんから、自分で家を借りることになりました。その時に「よもや私もトレーラーハウスに住むようになるとは思っても」いなかったことが起こるのです。通常の家は家賃が高いので、家賃の安いトレーラーハウスを探すことになったからです。しかし、それも

キャンパスの近くには安い物件がなかったので、少々離れたところですが、友だちに紹介されたトレーラーハウスに入居することにしました。そこは、キャンパスから7〜8キロ離れていて、車で20分くらい離れたところです。ただコロンビアモールという大きなショッピングセンターが近くにあったので、その点は重宝しました。

　ここで、そのトレーラーハウスについて少し説明しましょう。トレーラーハウスと言っても、1LDKに納戸を兼ねた洗濯部屋がある程度ですが、寝室は7畳位、リビングは12畳ぐらいありました。キッチンも4畳半ぐらいあり、2人で暮らすには充分なスペースがありました。トレーラーハウスの作りは、鉄骨で土台を作りその上に木造で家を作っています。鉄骨の土台の下には、何箇所かに車輪がついています。家の前方には、家を移動させる時のために、家を引っ張るためのボルトが鉄骨の土台につけられています。ただ居住地に家を移動させてからは、そうそう動かす必要はないので、家の下からの風の動きを抑えるのと見かけのために、土台の周りをスカートで囲んでいます。そのスカートの素材は板であったりトタンのようなものだったと思います。記憶をたどれば、台所の床はタイル貼りのようで、リビングや寝室は絨毯張りだったと思います。少し年季が入っていた物件なので、日本の家屋のように純粋に土足なしではなく、米国式を踏襲し家の中でも基本は靴履きかスリッパを履いて生活しました。備え付けで、レンジやオーブン、洗濯機や、小さいですがシャワーやトイレもありました。最初は物珍しさもあって、快適に過ごしていました。

　これで変わる！　あなたの英語力！ ── 英語の環境作りのススメ

しかし冬になると問題がやってきました。ここはサウスカロライナ州（米国東南部）の州都のコロンビアという街でしたが、冬はそれなりに寒くなり雪も降ります。米国の物件はほとんどセントラルヒーティング方式です。私たちのトレーラーハウスもその例に漏れず、外に灯油タンクがあり、その灯油で暖房機を動かし家全体を温めます。ただ経済的に余裕が少しあって個別に灯油ストーブのような暖房器具を用意しない限り、残念ながら局所的に、例えば台所だけ、寝室だけ、リビングだけ暖房を入れるということができません。私たちには余裕がなかったので、結局家全体に暖房入れるか全く入れないかのどちらかの選択になりました。したがって暖房コストを抑えるために、なるべく暖房を入れずに過ごすようにしていましたが、寒くなると暖めないわけにはいきません。最初は前の住居人が残していた灯油の残りがあったので、どうしても必要な時には暖房を入れました。ところがいよいよ寒くなってきた時に、灯油がなくなったのです。当然灯油を購入しなければなりません。何でも大きいモノを好む傾向がアメリカのよい所ですが、逆に私たちには不都合なことになりました。灯油業者に聞くと、タンク一杯になる量を一度で購入しなければ、コスト的に合わず灯油の配達・注入をしないとのことです。必要な分だけ部分的に購入できないというわけです。苦学生でしたので、経済的な余裕がありません。暖房をとるか食事をとるかという究極の選択になりました。寒さは我慢できても、飢えは防げないということで、灯油の注入を諦めました。またバツの悪いことに、強い風が吹いた時に、リビングの窓ガラスが1つ割れてしまいました。経

済的にこれも業者に修理を依頼できそうもありません。そこで自分でブルーシートのようなものを買ってきて、応急処置をしただけでした。やはりすきま風は入ってきます。

　そうこうしているうちに、寒波がやってきて、しばらくの間氷点下になるとの予報を聞きました。それまでも床下から感じる冷気や隙間風にもそれなりに困っていたので、さあいよいよ大変です。暖房を入れられませんので、私たちは、昼間はいっぱい重ね着をして生活をする、食事時は料理に使用するオーブンの近くに集まって暖を取る、夜はなけなしのお金で買ってきた電気毛布を付けて寝るという工夫をしました。ただ電気毛布は日本製品のように品質がよいわけではなく、電気の線がある所は温かいのですが、その線と線の間の箇所は寒さが侵入してきます。あまり眠れなかった気がします。またある朝、起きて簡単な朝食の支度をしようとして台所に行ってみて驚きました。水切りのためシンクの中に置いていたガラスコップや容器が幾つか寒さのために壊れていました。冷蔵庫を開けてみると、部屋の温度よりも、冷蔵庫の中の温度のほうが暖かいのです。それに加えて、前の晩に洗濯をしようとして洗濯機に水を入れたのはよいけれど、あまりの寒さに途中で洗濯をやめ、そのままにして、少しは暖かくなる昼間にしようとそのままにしていたところ、次の朝見てみると、服ごと凍っていました。泣きっ面に蜂でした。まあ今となっては、笑い話ですが、一時は死ぬかと思いました。

　そういうことがあったので、次の冬はどのように耐えようかと考えていたところ、年度の途中に１本の朗報が入ってきまし

た。それは、大学院（とその大学）が持っていたトレーラーハウスビレッジに住むことができるようになったとの連絡です。以前から申請していたことですが、空きがなく順番待ちだった物件です。それで少々離れたところですが、安いトレーラーハウスに入居していたわけです。早速話を聞いてみると、トレーラーハウスのサイズは小さくなりますが、家賃も少し安く、キャンパスにも近いところです。製造年数も割と新しく、中もきれいとのことでした。家族用なので、確か2LDKだったと思います。2つの寝室は、感覚的にそれぞれ四畳半ぐらいだったと思います。物件自体のサイズも小さいので、灯油タンクも大きくなく、必要な分だけ灯油を購入できる良心的な業者と大学側が提携していたため、もう暖房のことで悩む必要もなくなりました。そのような節約が幾つかできるようになって、ようやくTVを買うことができました。当時はまだ手紙が主流な時代で、私たちはインターネットを使えるデバイスを持っていなかったので、日本を含め世界の情報はほとんど入ってきません。それでTVのNews等の情報番組によって、少しずつ情報を得ることができるようになりました。またこのビレッジは、主に神学生とその家族が住んでいたので、互助のシステムもあって助かりました。その1つは「クッキージャー」と言って、クッキーを入れる瓶に、経済的に少し余裕がある人が一時的に余裕のない人を助けてあげられるように、その中に現金を入れておくというものです。また貧しくても収入の一部から献金することは当たり前だったり、一時的に助けられた人がそのお返しをするという雰囲気があったので、そういうようなことが可能だったようで

す。驚くことに、クッキージャーが空になるということはありませんでした。

　このようにメリットも多かった大学のトレーラービレッジの生活ですが、悩まされたことの1つをあげるとしたら次のことです。トレーラービレッジは、アメリカとしては狭い区域に多くのトレーラーハウスが設置されていて、1つの生活コミュニティを作っています。特に日本のように町内会があるわけではありませんが、お互いの生活距離が結構近いので、時には「フィッシュボール（fish bowl）」つまり「水槽」と揶揄されることがありました。お互いを助け合う精神があるのと同時に、誰かに生活を監視されているような雰囲気もありました。そんなある日、私たちも当事者としてひとつの事件に巻き込まれてしまいました。それは私たちの最初の子どもが1歳位の時のことだったかと思います。その日私は講義で大学院に行っており、連れ合いが何か複雑な手続きで役所に行かないといけないので、昼間その子どもを一時ビレッジの友だちに預けた時のことです。夕方講義が終わって私が帰宅すると、連れ合いが泣きながら話を始めました。子どもを預けた友だちから、「あなたの家では子どもを虐待しているのか」とあらぬ疑いをかけられたと言うのです。理由を聞くと「おしりに青い大きな斑点があって、それが虐待の証拠だ」というわけです。アメリカでは、子どもの安全を第1とする考えが強く、他者の通報によって児童局が必要と判断したら、強制的に親から子どもを引き離すことができます。もちろんまだ当局に通報はされていませんでしたが、その前の段階で要らない疑いをかけられていて泣いてい

たということです。一般的なアメリカ人は、日本人と違い、海外のいろいろな情報に関心がありません。自分の国が世界一と思っているから、他の国の生活や情勢を知る必要を感じていないのです。ましてや、アジア系の赤ちゃんには蒙古斑が出ることが多いということを知りません。ある事典によれば、蒙古斑は「先天的に発生する幼児の、主に仙椎の部分の皮膚にでる薄青い灰色の母斑のこと。発疹の様に見える。通常は3〜5歳で消失する」とのことです。したがって、その友だちは、おむつ替えをしてくれる時、私の子どものおしりにある蒙古斑に反応したということです。もちろん子どもを受け取る時に感謝しつつ、そのことを説明したそうですが、そういうことは聞いたことがないという1点張りで、受け入れてもらえなかったそうです。翌日、ビレッジにたまたま住んでいた医者の院生がいて、その人は蒙古斑のことを知っていたので、それを裏付けとして子どもを預かってくれた友だちに再度説明しに行って、ようやく1件落着となりました。お互いの異文化理解力や他国の情報の大切さを改めて感じると共に、そのトレーラービレッジが「フィッシュボール」と呼ばれる片鱗を垣間見た気がしました。

2.2. 南アフリカ共和国（以下南アと略）でのこと

2.2.1. 南アへの引越し

さて、ここから話は南アのことに飛びます。私は南アにも4〜5年住みましたが、そこでも日本と違うことをいろいろと発見しました。1995年に留学で南アに移った時、当時30代後半の私には、中学生未満の子どもがすでに4人いる6人家族でし

たので、住居選びが難しいかなと思っていました。日本のように家賃が高い場所では、少し部屋数の多い所でないと1部屋に何人も押し込むことになります。はたして大学院生としてそのような所に住めるのか危惧していましたが、幸いなことに、最初は大学のキャンパス内にある家族寮に住まわせてもらうことができました。寮といっても、アパートのように独立していて、2LDKでした。私たちは約14,000kmも離れた日本から行くので、引越し荷物もそんなに持って行くことはできませんので、最初はそれで充分でした。当時、留学で南アに行く日本の家族は少なく、事実私が行ったブルームフォンティーンにある自由州立大学（学生数3万人以上）では、私たちが最初の、もしくは久しぶりの日本人家族だったようで（少なくともその年代では）、受け入れ先の人たちが尽力をしてくれて用意してくれたようです。これは嬉しい驚きでした。滞在のための身の回り品や必要最小限の家具は、日本から買って持って行くよりは現地で買ったほうが安そうだったこと、また現地で売ってないものや日本よりも数倍高そうなものは、なるべく持って行く荷物の中に入

（写真：自由州立大学キャンパス）

れました。

　その南アは、英連邦に属しているように、文化的には西洋に近い感じがあります。特に白人の間では、欧米諸国とそれほど変わらない生活習慣があるようです。したがって、考え方、価値観、世界観やコミュニケーションスタイルは日本とは違い、幾つもの驚きや発見がありました。特に最初に遭遇した驚きは、ノンバーバル（非言語）コミュニケーション分野、例えばジェスチャー、パーソナルスペースの取り方や、ボディタッチによるコミュニケーションにおけるものでした。ボディタッチというのは、握手やハグ（抱擁）、ハイファイブ（ハイタッチ：手を上にあげて手の内同士を合わせること）、あるいはグータッチのようなものです。私は以前にアメリカにも行っていましたが、そことも少し違う感じがしました。というのも、南アの地方の町に行き、連れて行ってもらった宣教師の知り合いの家族に紹介された時、初めて会う人たち、それも男性だけでなく女性からも挨拶としてハグをされました。もちろんそれは時々あることですが、その時はハグだけでなくチークキス（頰にキスし合うこと）もされました。さらに驚いたことに、その家族の中にいた少し歳をめされたおばあさんから唇にキスをされてしまいました。初対面の異性の人から挨拶としてそのようなことをされたのは生まれて初めてでしたので、やはりドッキリしました。

　日本では、ご存知のように家族間であってもまずハグ（抱擁）はしません。特に私の親や私の世代では、初対面の人と時々握手することはあっても、ほとんどボディタッチによるコミュニケーションはなかったと思います。私が２～３年日本を離れる

ことになって空港で別れた時も、家族にハグすることもなく、ただ「行ってくるね」とだけ伝えたことを話すと、大概の欧米人からは「そんなんでいいの？」と驚かれます。彼らからするとそれは考えられないことだと言います。異文化を理解することは、実際には、そんなにたやすいことではないのかもしれません。

　ところで、私の引っ越した**ブルームフォンティーン**という街（都市）は、ほぼ南アの中心に位置し、南アに３つある首都の内の１つで、司法の首都ということでした。首都が３つあるというのは、初めて聞いたので新鮮な驚きでした。後の２つは、**プレトリア**が政治・行政の首都、**ケープタウン**が立法の首都ということのようでした。一応、プレトリアに各国の大使館があるので、国を代表する首都はプレトリアと認識されているようです。他に人口が多く経済の中心地で、国際空港がある**ヨハネス**

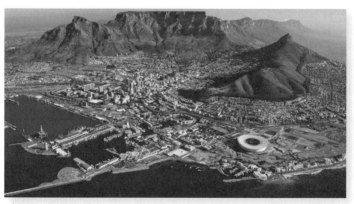

（写真：南ア共和国のケープタウン https://ja.wikipedia.org/wiki/ ケープタウン）

ブルグも有名です。いずれにしても、まさか自分の行く街が司法の首都だとは思わなかったので、前述のように、ちょっと驚きましたが、ただ司法の首都と言っても、他の都市と日常的にはほとんど変わらないものでした。

　ちなみに、南アは日本人にそれほど馴染みのある国ではないと思うので、ある旅行会社と日本外務省のHPからの情報を引用し、もう少し紹介します。

　南アはアフリカ大陸の最南端に位置し、国土は南緯22〜35度、東経17〜33度に広がっている。国土の面積は122万平方キロメートル（日本の約3.2倍）。ナミビア、ボツワナ、ジンバブエと国境を接している。南アフリカは天候に恵まれた国のイメージがあるが、実際に、年間を通じて温暖な日が多く、海やアウトドア派の旅行者が休暇を過ごすには最適な場所である。1年のうち、約7カ月は日差しが強く、南半球なので日本とは季節が逆となり、4〜9月の日本の春〜夏は、南アフリカでは秋〜冬にあたる。日本との時差は7時間（遅れ）である。

　南アフリカの人口は約5800万人（2018年）。人種や文化圏は実に多彩で、アフリカ系黒人（80%）、次いで白人（10%）、そしてカラード（混血、9%）。その他は、インド系とアジア系移民の子孫である。南アフリカは、いくつもの異なる文化が美しく融合した国。ゆえに「虹色の国（The Rainbow Nation）」と呼ばれている。

「海やアウトドア派の旅行者が休暇を過ごすには最適な場所」というのは、まさに野生の王国サファリパークを楽しんだり、フィッシングやマリンスポーツ、それにハイキング等、ちょっと考えただけでも数多くの大自然を満喫できる場所が多く、特にヨーロッパの人々にはリゾート地として非常に人気がある所です。国の北部にはいちばん大きなゲームリザーブ（サファリパークのようなもの）「**クルーガー国立公園**」は、190万ヘクタールの面積があり、囲いの中の動物を見に行くというよりも、野生動物が住んでいる場所に人がお邪魔しに行くという感覚です。もちろん宿泊施設を使って何日も見て回ることが可能です。このようなゲームリザーブは、小さなものまで含めると、国の至る所にあります。また国の南東部の海岸線は総距離750kmに及ぶ「**ガーデンルート**」（Garden Route）と称されて、風光明媚で有名なため、国内外の人々が休暇を過ごしにやってきます。もちろん南アのワイナリー（ワイン農園）も楽しめます。ケープタウン近くでは、可愛らしいペンギンを海岸で直接見たり、海の沖合いに出れば、ホエールウオッチング（クジラ見学）もできます。中には、好奇心の強い人をケージ（金網の造作物）の中に入れて、サメのウォッチングを提供している観光施設もあります。ケープタウンの中心部にある**テーブルマウンテン**も有名で、その美しい姿を街から眺めたり、またはケーブルカーで頂上まで行って眼下に広がる下界の景色を堪能できます。さらにアフリカ大陸の最南端である「**喜望峰**」もケープタウンにあり、車でドライブがてら訪れることができます。私も南太平洋とインド洋の両方を見渡せる美しい景色を楽しめるそこに行っ

　これで変わる！　あなたの英語力！ —— 英語の環境作りのススメ

て、写真を取ってき
ました。

　その他、南アはア
フリカ大陸屈指の経
済国で、金・ダイヤ
モンド等の素材製品
やマグロ業、また工
業製品等を通しても

（写真：喜望峰の灯台の案内板）

実は意外と日本との繋がりが深い国です。アフリカの経済大国
であることから、一応インフラもそれなりに整っており、国内
全土はほぼ高速道で結ばれていて、主要な街中では未舗装の道
路はほぼありません。水道や電気もほぼ問題ありませんが、日
本のように水道から直接水を飲むのはやめた方がよさそうで
す。私の家族は、一度沸騰させてから適温にして飲んでいまし
た。もちろんこれらのインフラについては地域によって整備が
遅れている所も残っているようですが……。また2010年にサッ
カーワールドカップを開催して国際的な注目も集めました。た
だ1993年のアパルトヘイト体制（人種隔離政策）崩壊後から、
今もなお国や経済の回復に力を注いでいますが、お世辞にも治
安がよいとは言えません。宗教的には、南アは約8割以上がキ
リスト教徒とされており、毎週多くの人たちが人種を問わず、
日曜礼拝に教会に行っていた印象です。私が滞在していた時も、
日曜日は安息日なので、休業しているお店が多く、スーパーマー
ケット等日曜日でも開いている所では、酒類の販売が禁止され
ている等、「なるほどな」と思いました。ちなみに、お店の営

業時間は、月曜から土曜日が9：00〜17：00、日曜日が営業している所で9：00〜14：00が多いようで、夜遅くまで営業している日本から行くと、最初戸惑いました。また国内全体の発展に伴い、当時インフレが激しく、毎年5％以上で物価が上昇していたそうで、食糧・日用品等を買うとそれを実感しました。使用されている通貨は、ランド（Rand）で、だんだんと通貨価値が下がっているような状態です。昔は1ランド＝200円や100円の時もあったようですが、2022年では、1ランド＝7〜9円ぐらいになっています。

　ではなぜ私がそのような南アに引っ越したかと言うと、この国の大学院の博士課程で学ぶためというのは、前述した通りです。この国の研究機関を選んだ理由は、南アから日本に来て長年宣教師をしていた先生から勧められたことと、少し調べたところ、（英語教育以外の）私の専門分野の1つである聖書学が当時も今でも盛んで欧米に劣らず進んでいたからです。この南アは、長い伝統を持つヨーロッパの堅固であるがゆえに変化を嫌う神学的学問状況とは違い、進取の方法論や成果を受け入れやすい学問的土壌があり、著名な学者も含めて多くの研究者を輩出しています。私が在籍した自由州立大学の神学部もその例に漏れず、また図書館における聖書学関係の研究資料（蔵書）の豊富さは普通の日本の大学とは比べ物にならないほど充実している所でした。

2.2.2.　南アの生活

先ほど「お世辞にも治安がよいとは言えません」と述べまし

たが、強盗や殺人も耳にしますが、統計的には窃盗がいちばん多いようです。もちろん、それなりに警察機関も機能しているので、このような統計が出てくるのでしょう。やはりこの窃盗が多いのは、貧困層の多さにもよるのかもしれません。ただ「行っちゃいけない所に、行っちゃいけない時間に行かない」という防犯意識を持っていれば、普通に暮らすことは問題ありません。時々町の中心街で、喧嘩やいざこざを見ることがありましたが、それは日本でもあり、50歩100歩だと思います。私は南アに4〜5年住んでいましたが、その間遠くで銃声を聞いたことが1〜2度あったぐらいです。ただ窃盗や強盗が起こることから、大概の家は周りに壁や柵をめぐらし、入り口には鉄格子等の扉を用意し普段鍵をかけていました。最初、大学キャンパスのアパートに住んでいた私たちも、1年ぐらい経ち、大学院や街にも慣れてきたことや、次の新入生に場所を譲るために、大学近くの1軒家を借りることにしました。幸いなことに、確か教会の人を通じて、ある中国人が所有していた空き家を善意で安く借りることができました。空き家と言っても、すぐに住める状態で、エネルギーの有り余る子どもたちが走り回れる

ほどの庭が100坪位あり、何かと重宝しました。また庭には小さな離れがあり、昔はそこに住み込みのお手伝いさんが住んで

いたような所でした。もちろんここも例に漏れず、周りを壁で囲い、出入口には鉄格子等の扉がありました。周りは閑静な住宅街（前頁写真）で、おかげで落ち着いた生活ができました。

　普段の交通手段は、車になります。市内のバス網は整備されておらず、労働者は乗合タクシーを使って通勤をしていました。トヨタのハイエースがタクシーの多くに使われていたり、他にも Datsun（日産）、ホンダやマツダ等の日本車を普通の人たちが使用していたので、あまりホームシックに陥ることはありませんでした。私たちは知り合いのクリスチャンが好意で、家族全員が乗れるように、古いオレンジ色のベンツを無償貸与してくれました。大変助かりました。

　南アは全体的に、年間を通じて温暖な日が多く、ヨハネスブルグの夏と冬の平均気温はそれぞれ 25 度から 5 度、ケープタウンは 23 度から 10 度くらいで、海やアウトドア派の旅行者が休暇を過ごすには最適な場所と言われています。ただ前述のように、1 年のうち約 7 カ月は日差しが強いそうです。私も「日差しはかなり強いので、屋外にいる時には帽子、紫外線防止効果の高い日焼け止めを使用し、日差しから肌を守るために薄手の長袖シャツを着るとよい」と聞いていましたが、私が住んでいたブルームフォンティーンでは、それほど日差し対策に気を使うことはありませんでした。確かに日中は暑くなり日差しも強いですが、私は主に屋内、具体的には自分の家や大学図書館で研究をしていたので、気にならなかったというところでしょうか。確かに日中の温度は上がるのですが、日本とは違い乾燥

しているので、木陰や日差しを遮ることができる所では暑さはそれほど感じませんでした。私の記憶では、むしろそういう所では風が吹いて、快適に感じていたように思います。ですから、普通の家で、エアコンを設置している家はほとんどなく、窓を開けて風通しをよくしておけば、快適に過ごせるようです。ただ1日の寒暖差が激しく、温度の高低差が15度ぐらいになる時もありました。ですから、昼間出かける時暑いなあと思って薄着をして行くと、夜は肌寒く感じることがあったので、その点は気を付ける必要がありました。8月あたりの冬は、ある程度寒くはなりますが、雪はめったに見ませんでした。私が滞在していた間では、1度だけ雪がちらつくぐらい寒い時があったように記憶しています。その時、南アでもホワイトクリスマスを経験できそうだと一瞬勘違いしたほどです（もちろんここは南半球に位置しているので、通常12月のクリスマスは夏に祝います）。

　この強い日差しを避けて研究をしていた大学図書館では、院生なので、キュービクル（Cubicle）といって、鍵のかけられるドアのついた1畳半位の広さの個室を使わせてもらっていました（ちなみに今の日本では、箱型の受変電設備のことをキュービクルと言うらしい）。これはとても助かりました。なぜなら、図書を貸り出して読んでは、ノートに書き出し、パソコンに入力したり、必要な箇所をコピーしたりしましたが、それらの図書や私物をそのキュービクルに安心して置いておけたからです。ちなみに図書館は、蔵書や視聴覚教材等の保管物の安全な維持のために、エアコンが常時稼働していて、開閉できる窓はありませんでしたが、快適でした。

（写真：自由州立大学図書館）

　私がいちばん最初に7階建てのその図書館に訪れた時、蔵書数も含めて施設の充実ぶりには驚いたものです。私の専門分野の聖書学の図書は、肌感覚で、確か4階フロアーの1/4ぐらいを占め、さらに私の研究テーマに直接関係するヨハネ福音書とそれに関連する新約聖書の本だけでも、横幅7m、高さ6段くらいの棚2つに分けて配架されているぐらいありました。もちろん日本語の本はありません。主に英語、ドイツ語、アフリカーンス（現地で発展したオランダ語からの派生語）の蔵書です。それを眼の当たりにした時の私の感想は2つありました。1つは「こんなにあるのか大変だなあ」という思いと、「こんなに読むものがあってワクワクするなあ」というものでした。どちらかと言うと、後者のほうの気持ちが強く、日本から離れて遠くの南アのここまで来た甲斐があったと思いました。その後数年の長い研究生活では、博士論文を書こうとするほとんどの人が経験するようですが、私もいつ自分の博士論文を仕上げることができるのか、見通しがつかなくてとても辛かった時期がありました。それで、この最初のワクワク感がなければ、途中できっと挫折していただろうなと、今でも思っています。でも、途中であきらめなかった結果、念願の

博士論文を書き上げることができ、少し後のことになりますが、この学位論文を基に『The story of Jesus and the blind man: A speech act reading of John 9』という著書を英語で出版することができました。書籍版は今売り切れ絶版となっていますが、ネットで無料閲覧することが可能です。もし興味のある読者がいれば、次の URL にある電子版の頁を、時間のある時にでもめくってもらえると嬉しく思います。[http://apps.ufs.ac.za/kovsiejournals/default.aspx?article=2760]

　ところで、言語使用の面で 1 つ興味深いことを挙げるとすれば、アフリカーンスと日本語との間で使う「ネ」という表現の共通性です。日本語で何かを話しているときに最後に「ネ」という表現を、「そうですよね」と確認の意味で使うことがあります。アフリカーンスにも同じ発音とイントネーションで、全く同じ表現法があるとのことです。それに気づいたのは、私が南アの人と英語でしゃべっている際、思わず「ネ」と口から出てしまったのですが、相手の人もその意味に気づいて相槌を打ってくれたのです。意味の通じない表現を使ったのにと内心思っていたら、実はちゃんと通じていたのです。後から分かったことですが、ドイツ語にも同じような使い方があるそうです。なんとなく世界がどこかで繋がっていることを感じた瞬間でした。

2.3.　3 度目の米国、3 度目の南アの話

　ここからは、年月がずーっと下がって **2011 年 9 月下旬**からの話になります。この時私は現在の職場の立命館大学で教えていたのですが、9 月から半年間、研究回復をするという目

的で、大学の研究専念制度（通称、学外研究あるいはサバティカル）を使って、私にとって3度目の米国（2011年9月～10月）、3度目の南ア訪問（2012年1月～2月）をします（2度目の南ア訪問の話は省略）。大学の専任教員は、通常3ないし4つの大きな仕事を担っていて、それは教育・研究・大学行政・社会活動です。人によってそれぞれその負担割合が異なるのですが、私の大学では、教育・大学行政の割合が結構高い傾向にあるようです。いずれにしても、数年に1度、自分の専門研究だけに専念できる制度があります。私はこのとき初めての学外研究でしたが、学部の事情もあり、通常1年のところ半年間の専念期間をいただきました。もちろん、本や資料を読み学術論文を書くのが主でしたが、自分の研究に関連した視察旅行もすることができました。今回この研究そのものについては、英語学習関係ではなかったので、本書では省略しますが、その2つの国を訪問した時に感じたこと、特に、日本も含めたこの3国の国事情を、3つの視点（航空事情、環境保護や節電意識、政治と宗教）を中心にして思いつくまま随想的に比較したものを以下にお話します。これは、学部教員が所属する産業社会学会の「さんしゃZapping」（第165号、2012年）という情報誌に以前掲載されたものの表現等を修正したものです。

2.3.1. 航空事情、その他

［**日本・米国**］2011年は9.11アメリカ同時多発テロ事件からちょうど10周年にあたり、その記念日が近づくにつれ、記念式典を狙った何らかのテロが発生するのではないかという噂

が流れ、実際そのようなテロ計画が未然に防がれたという報道もありました。それゆえ、空港警備やセキュリティチェックがまた厳しくなるということを聞いていた私は、9月下旬の米国出発に際し、少し緊張感を覚えていました。しかし、出発日、成田空港に入る直前では乗っていた空港行のシャトルバスが止められチェックを受けましたが、搭乗前のセキュリティチェックは思ったほど厳しくなく、スムーズに出国できました。その後約12時間のフライトで**シカゴ空港**に着き入国手続きを経て、乗り換えのため再度搭乗口に向かいました。そこでは、セキュリティチェックのため少し長い行列ができていましたが、乗客も係官も慣れていたようで、約30分で無事に通過できました。手荷物のX線検査や、靴を脱ぎベルトを外しスキャナーによる身体検査もありましたが、必要以上に念入りというわけではなかったようです。行列は、バスや地下鉄等の公共輸送方法と肩を並べる米国の航空機利用頻度の高さにもあるようです。今回米国内7箇所を回りましたが、他の寄港地の空港でも同様な状況でした。ただ唯一シンシナティ空港では、細菌検査のためか、綿棒を使った手の検査が加えられていました。

　その他気づいた点です。米国の空港は大体どこも大きいのが特徴ですが、**シンシナティ空港**はそれほど大きくない空港なのに、それでも電車が空港内を通っていました。メインターミナルと発着ターミナル間移動のためですが、ここは初めてでその行先に確信がなかった私は、到着時、電車ではなく、様子を見ながら、少し時間がかかりますが動く歩道を利用しました。しかし出発時は迷わず電車を利用したのは言うまでもありません。

ただこれだけ航空網が発達していると、その運用に難がある場合も時々でてくるようです。前述の「第2章 2.3.2 翻訳アプリ」の項で話したように、**デトロイト空港**での話ですが、搭乗する直前になって搭乗ゲートが何度も変更されたことには閉口しました。ある飛行機の到着が遅れたことに端を発し玉突き現象で、なんと出発直前30分の間に3回も搭乗ゲート変更があり、その度に乗客はターミナルの中を右往左往しました。中には指定されたゲートに行っても変更直後はそこの案内板にその変更が出ていない場合もあり、おかげで全体的なフライト・インフォメーションボード（発着便案内板）を常にチェックしておく習慣がついてしまいました。空港内アナウンスにも注意を払う必要があり、やはり個人旅行の場合は、最低限の英語力は必要かなと感じたしだいです。

（写真：タイ・バンコク空港）

　[**南ア**] 南アへは関西空港（関空）を利用して渡航しましたが、約6時間のフライトで着いた中継地のタイ・**バンコク空港**では、

セキュリティチェックが少し厳しく、国際線の乗り換えでも、米国と同じように、靴やベルトまで外して全身スキャンをされました。評判通りこの空港は世界の空港の中でも最大級の大きさで移動に少し時間がかかりますが、とてもきれいでした。その後約12時間のフライトで南アの**ヨハネスブルグ空港**（JHB）に着くと、入国手続きもスムーズで、税関も特に申告する物がなかったのでほぼノーチェックで通れました。また国際線から国内線に乗り換える際のセキュリティチェックも厳しくなく、珍しくここでは飲料ボトルの持ち込みもOKでした。JHBでも南ア通貨と円の両替をしましたが、1万円両替で1000円くらいの差がでるくらい関空の両替所よりも交換レートがよかったので、少し驚きました。もちろんそのことは知らなかったので、念のため関空で一部両替していたので、ちょっと残念でした。

　次にJHBから南アの地理的中心にある**ブルームフォンテーン**（その前年の2010年サッカーワールドカップ・南ア大会で日本がカメルーンと戦い勝利した都市）へ向かった私の便は、古くはないが珍しくプロペラ機でした。余談ですが、JHBの国内線待合エリアにあるSports shopやCandy shopの幾つかは携帯用SIMカードの取扱店だったので、日本から持参したE-Mobile（Y-Mobileの前身）のスマホ用に（当時あまり知られていないが実はSIMフリー）1時間通話できる現地SIMカードを600円くらいで購入しました。自分の証明書提示で、店員がオンラインで個人情報を電話会社に登録しOKが出たので、現地用電話番号をもらい問題なくすぐに使えました。海外に行く時は、なるべく現地SIMカードを使うほうが相当安くなるようです。もちろん現地の友人か

らの私へのコールも国内扱いということでした。

2.3.2. 環境保護や節電意識

［**日本**］京都議定書を採択した京都国際会議から年を経て、2011年11月下旬から南アのダーバン（同国東部の海岸沿いに位置する南アでも指折りの観光地）で第17回国連気候変動枠組み条約締約国会議（COP17）が開催されました。細野環境大臣も出席して、先進国のCO2排出量規制を強調した京都議定書の延長回避を画策した日本は、発展途上国の反対を受け、その戦略変更を余儀なくされました。結果的に会議自体は、京都議定書を延長し、2020年から全ての国が参加する新しい法的枠組みを発効させる「ダーバン合意」を採択しましたが、日本はこの延長には参加しないこととなりました。とは言え、自主的な努力をすることに変わりなく、東日本大震災で甚大な人的・物的被害を出した日本は、原子力発電所での事故もあり、震災以来官民挙げて節電に取り組む姿勢を示していました。

［**米国**］今回訪問した中の米国南部は、10月というのにどこでも冷房が効いていました。外は半袖やタンクトップでも暑いのに、一旦建物・乗り物に入ると摂氏20度くらいの冷房設定で、長袖を着ないと風邪を引きそうなくらい寒く感じました。日本人の私は、外と内の温度差に身体が慣れませんでした。日本や一部の国が、当時も今でも温暖化対策や電力節減に頑張っているのと全く対照的でした。どうしてこんなに冷房を効かしているのかと米国の友人に聞くと、「米国人は身体が大きく、カロリー消費量も多く、これぐらい冷房が効いていないと快適に感

じないのだ」と言いました。体質ということですが、確かに大きな身体をしている人も多く、中には規格外の人も珍しくないのがアメリカです。加えて、眩しいばかりのイルミネーションやネオン等の街の夜間照明を見ると、温暖化対策や節電とは全く関係ないといった風潮でした。ちなみに、京都議定書を米国は批准していません。水資源に乏しい国から見れば、水資源を豊かに使える日本が贅沢に映る点を棚に上げると、電気を大量消費している米国を何と放縦で贅沢な国と見ることはたやすいように思えました。

［**南ア**］一方、ダーバン会議で議長国としての役割を果たした南アについては、南半球に属するので、訪問時の２月は真夏で太陽の日差しも強く温度も結構高くなりますが、建物に入ると湿度が高くないので過ごしやすく問題はありませんでした。熱帯夜となる日もほとんどありません。もちろん人が多く集まるモール（ショッピングセンター）等の商業施設や空港・政府系機関ではエアコンを使用していましたが、逆にエアコンを使用している家庭については見つけるほうが難しいという状況でした。また人々の日常生活も朝早く始まり、通常夕方５時頃までには帰宅し、人が職場からいなくなるので、夜遅くまで照明を煌々とつけている日本や米国との違いを見てとれました。そのような意味では、特に環境保護や節電意識というものがなくても、自然なライフスタイルのままで節電等を実行しているようでした。

2.3.3. 政治と宗教

［米国］折しも私が渡米した 2011 年 10 月は、2012 年の大統領選に向けて、一連の共和党大統領候補者討論会等が開催されていました。その内の 1 つ、ラスベガスで行われた討論会でも、政治と宗教の関わりは重要議題であり、候補者個人の信仰または信条は、政治的判断に関わるので重要だと候補者の大勢が認めていました。事実候補者の多くは、よきにつけ、悪しきにつけ、宗派は違うが一神教支持であることを明言していました（一神教とは、キリスト教やイスラム教等、1 つの神を信じる宗教）。現在でも政治的トップである大統領は、最後には必ず「神の祝福があるように〔God bless you (America)!〕」というフレーズで演説を終えますが、皆さんもその光景をニュースや映画で見たことがあるでしょう。米国建国の父たちの精神は今でも受け継がれているようでした。また大統領の就任式では、新大統領が聖書の上に手を置いて誓いをする場面があります。歴代の大統領をはじめ、最近のオバマ、トランプ、バイデン大統領がそのようにしているのを TV でご覧になった読者もいるかと思います。

このラスベガスで行われた討論会を報じた TV 解説者は、大統領候補者の選考基準として、宗教・モラル・知識がその順番で重要だと解説していました。もちろん米国でも政教分離を謳っていますが、宗教が国家の上に権威を持つという神権政治を行わないだけで、政治家が宗教心あるいは信条を持つことは自由ということでした。したがって、この政教分離については、日本のニュアンスとは少し違うように思いました。どのように違うかと言うと、もともと欧米の政教分離は、国家が宗教に介

（写真：ラスベガスでの共和党大統領候補者討論会案内）

入しないという予防線であり、日本のように国のことに宗教が介入しないという意味付けとは違うようです。余談ですが、討論会のTVライブ放映を直接見ていて感じたことは、人柄や政策内容も重要ですが、ディベート（討論）能力が秀でていないと候補者選を勝ち抜いていけない点でした。主張の首尾一貫性や裏付け、高い表現能力等が求められ、1度でも失言するとその後の評価で致命的なダメージを受けるようです。実際「多くの候補が失言等で支持率を落としてきた」とメディアも伝えていました。文化の違いと言えばそれまでですが、発信能力だけでなく**ディベート**能力（教育）も重んじる米国の大学とそうでない日本の大学教育の違いを垣間見た思いがしました。

[**南ア**] 南アも基本的にキリスト教国であり、宗教と、政治や社会との関わりはとても深いものがあります。紙幅の都合で詳しく述べる余裕はありませんが、悪名高いアパルトヘイト政

策を陰で支えたと言えば少し語弊があるかもしれないが、影響力のある南アのキリスト教会（主にオランダ改革派教会等）がそれを黙認してきたことは事実ですし、しかし民主化を進めた大きな原動力の1つもまたキリスト教思想でした。あの真実和解委員会で指導的役割を果たしたのも、周知の通り、イングランド国教会（Church of England）の系統に属する聖公会のツツ大主教(1984年にノーベル平和賞を受賞)たちでした。今でも聖日(日曜)にはアルコール類の店頭販売を禁止している南アのような国では、良くも悪くも、社会や政治に対する一神教思想の影響は大きいことが窺われました。

2.4. キリスト教とアメリカ社会の関係

前項「2.3. 3度目の米国、3度目の南アの話」では、2011年から2012年にかけて学外研究で私が行った米国と南ア訪問について「さんしゃ Zapping」の記事から紹介しましたが、この米国については、人口の7割以上がキリスト教徒（2008年：78.4％、2019年：73％、Pew Research Center）であると言われているので、現代社会の米国に住む限り、あるいはそこと関係を持つ限り、キリスト教の直接的・間接的影響を受けることは必至です。それは、宗教・教育・文化・政治に留まらず、メディア・スポーツ・エンターティナメント等においても影響があるということですが、果たしてその影響はどれほどのものなのか、このキリスト教と現代社会の関係について、上記の話と合わせて、もう少し紹介してみたいと思います。以下は、サバティカル後の学外研究成果報告書に記載したものの表現等を一部修正し、

アメリカで見聞したことを4つの項目に分けたものです。

（写真：ナイアガラの滝）

2.4.1. キリスト教思想と、エンターティナメント産業および国立公園施設との関係

キリスト教思想と、エンターティナメント産業および国立公園施設との関係を考察するため、オーランド（Orland）のディズニーワールド（Disney World）とホーリーランド・エクスペリエンス（Holy Land Experience）、バッファロー（Buffalo）近くのナイアガラの滝（Niagara Falls）、ラスベガス（Las Vegas）を訪問しました。特に、テーマパーク自体への一神教思想の影響の有無、またテーマパーク等がクリスチャン生活に与える影響について、調査することでした。

ディズニーワールドでは、子どもから大人まで家族でも楽しめるテーマパークということで、ここにはアニマルキングダム（Animal Kingdom）、マジックキングダム（Magic Kingdom）、ディズニーハリウッド（Disney Hollywood）、世界の主要文化紹介を意図したエプコットセンター（Epcot Center）等があります。こ

れらはウォルトディズニー（Walt Disney）の夢を具現化したものです。もちろん彼自身もキリスト教思想から多少の影響を受けているので、その影響は直接的あるいは間接的にあるはずです。しかし、テーマパーク自体の外観・施設・アトラクション等は、万人受けをするように作られているので、一見するだけでは、その影響はほとんどわかりませんし、ここを訪れる人はそんなことにそれほど興味はないでしょう。しかし、それらパークの建設コンセプトの裏側や、表に出ないパーク運営の裏側に注意を向けると、気づかされることがあります。例えば、人や家族に対する愛・希望・絆（信頼）といった価値観は、古きよきアメリカを表し、キリスト教的価値観と重なるものです。単純な人口比から言うと、ここを訪れる米国人の観光客や従業員の約7割はキリスト教徒となるでしょう。私が接した観光客や従業員のホスピタリティ（おもてなしの姿勢）は、巡回伝道者や旅人をもてなしたキリスト教的ホスピタリティと通じるものを感じました。驚いたことは、日本と違い、働いているキャスト（職員）の中に年齢の高いキャストも多くいたことです。また身障者にやさしく、公共交通機関もアトラクション等の乗り物もどこも彼らを優先的に案内していました。弱者への配慮は、小さき者・弱者をないがしろにせず、隣人愛を強調するキリスト教思想の影響があるように思われます。通常は多くの人で混雑するパーク内も、日曜朝の入場者数がそれほど多くないのも、おそらく教会の日曜礼拝に出席するためでしょう。同様に、**ナイアガラ国立公園やラスベガス**も、表面的にはキリスト教的影響を見ることは難しいかもしれませんが、そこで働く人々の中に

は、確固としたキリスト教的精神・倫理を持った人たちがいて、テーマパークや施設の心地よい雰囲気を醸し出していたように思います。なかでも、キリスト教的精神と縁遠いと思われるラスベガスでも、有名なホテルの中には、チャペルを併設し、キリスト教結婚式を挙げたい人々のニーズに答えたりしていました。個人の信仰心の深さは別としても、やはり米国ではどこでも人々の生活に密着したキリスト教的影響を見ることができました。（写真：ディズニーワールド）

　ホーリーランド・エクスペリエンスはとてもユニークなテーマパークで、キリスト教信仰を鼓舞するために作られた中規模の教育的テーマパークです。そのため日本人でこのテーマパークについて知っている人はあまりいないでしょう。ここでは、キリストの生涯を屋内演劇ホールや野外ステージで聖書に沿って忠実に演じたり、現代的なミュージカルで信仰生活を描いたり、紀元1世紀当時のユダヤ社会の建物を再現したり、と楽しみながらキリスト教を学ぶことができる施設です。まさにキリスト教徒向けのテーマパークであり、クリスチャン生活に肯定

（写真：ホーリーランド・エクスペリエンス）

的な影響を与えているようですが、同時に今のところ商業的にも成功しているようです。日本でも一時期、テーマパークが雨後の竹の子のように作られたことがありますが、継続するには明確なテーマの設定、それに基づいたハードとソフトを備え、堅実で実際的な運営が求められます。ここは、クリスチャン人口の多い米国ならではのテーマパークであり、エンターティナメント産業におけるキリスト教思想の大きな影響を見てとることができました。もちろんこれらのテーマパークや国立公園での使用言語は英語なので、楽しみながらの英語学習にも活かすことができるでしょう（ここは、コロナ感染の拡大で2021年に1度閉園したようですが、今は少しずつ来園者が戻ってきているとのことです）。

2.4.2. キリスト教思想と米国の歴史との関係

　キリスト教思想と米国の歴史との関係を考察するため、**ワシントン**（Washington）のホワイトハウス（White House）、スミソ

ニアン博物館（Smithsonian Museum）、特に国立アメリカ歴史博物館（National Museum of American History）等を訪問しましたが、その焦点は米国建国に貢献したキリスト教思想の影響を調べるためでした。

　まず**スミソニアン博物館**について少し紹介すると、これは1つの博物館ではなく、スミソニアン協会が運営する19の博物館を始め、幾つもの図書館や研究センターを総称するもので、有名なものは、宇宙船や航空機等に関連した収集物を展示する国立航空宇宙博物館（National Air and Space Museum）や、動植物、化石、岩石、隕石の標本や文化工芸品等を展示する国立自然史博物館（National Museum of Natural History）等があります。ご存じの人もいるかもしれませんが、後者は「ナイトミュージアム2」という映画の舞台にもなりました。いずれにしても自分の興味のある展示品を見ながら、その簡略な説明文を英語で読んでいくと、楽しみながらの英語学習にもなります。

　さて、米国建国の歴史を見ると、建国の父たちと呼ばれる先駆者たち、また米国憲法を起草した多くがキリスト教徒でした。彼らは、主にヨーロッパにおける信仰的抑圧を避け、新世界で生きることを選択した人々が集まってきたので、それは至極当然なことでした。そのような歴史の痕跡を、ワシントンの幾つもの博物館で見ることができ、彼らが用いた聖書やその生活ぶりを垣間見ることができました。特にアメリカ歴史博物館では、建国社会の構成基礎が各家庭であり、その家庭の基礎はキリスト教信仰であったと展示されていました。米国社会へのキリスト教思想の影響が大きいことがわかります。

写真：ハワイのホノルル

2.4.3. キリスト教思想とリゾート・コミュニティとの関係

　時間的順序から言えば、次の項目の後に記載すべきですが、本書の構成のために順序を入れ替えてお話します。今回のアメリカでの最後の訪問地は、日本への帰国途中にあるハワイでした。ここでは、キリスト教思想とリゾート・コミュニティとの関係を考察するため、**ハワイのホノルル**（Honolulu）を訪問しましたが、その焦点はリゾート・コミュニティ形成時の一神教思想の影響の有無、およびリゾート・コミュニティがクリスチャン生活に与える影響についてでした。

　今回の訪問では、特にリゾート・コミュニティ形成時にキリスト教等の一神教思想の影響があったとは見つけられませんでした。それは、ここは元々ハワイ原住民が住み、統治していた所なので（カメハメハ大王等）、米国本土とは違うハワイの歴史的背景があります。ただ当時オアフ島の大学で教鞭を取り、島を案内してくれたある教授との意見交換でもその点は確認できま

したが、今はクリスチャン人口が多いこともあり、キリスト教的ホスピタリティも感じることができました。またリゾート・コミュニティがクリスチャン生活に与える影響については、当地にあって日系人が多く集まるマキキ・キリスト教会を訪問させてもらい、礼拝にも参加しました。やはり土地柄、リゾート産業に従事している人の割合が高く、移民だけでなく、旅行後ハワイに魅せられてこの地に留まり、クリスチャンになった人たちもいました。人々の人生そのものに、リゾート・コミュニティにおけるキリスト教思想の影響があったということになります。

2.4.4. キリスト教思想と教育文化施設との関係

本項目「2.4. キリスト教とアメリカ社会の関係」の話の最後として、キリスト教思想と教育文化施設との関係を見聞するため、米国中東部のケンタッキー州ピーターズバーグにある**創造博物館**（Creation Museum）を訪問したときのことを紹介します。ケンタッキー州と言っても、この創造博物館は州境に近いので、私は隣のオハイオ州シンシナティ（Cincinnati）の空港を利用しました。こちらの方が近くて便利だったからです。そこへの訪問の目的は、特に進化論肯定社会への影響やここを訪れるクリスチャンへの影響を調べるためでした。ここは日本のTVでも以前紹介された所ですが、「**進化論**」に対して、人間も含めて天地万物は神によって創られたという「**創造論**」を啓蒙する博物館で、ツアーやアトラクションを全部見て回るには少なくとも丸1日はかかります。ワシントンで入場した（スミソニアン）自然史博物館の思想と全く逆を行くもので、そのギャップに驚

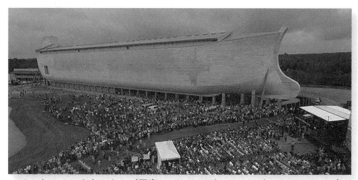
アーク・エンカウンター（写真：アンサーズ・イン・ジェネシス＝ AiG）

かされる人も中にはいるかもしれません。まさに、進化論的世界観を覆し、その代替案を大胆に紹介するものでした。進化論しか教えない日本ではまず考えられない施設ですが、なぜこのような博物館が作られ、多くの入場者を集めているのでしょうか。またノアの箱舟を実物大で再現した「アーク・エンカウンター（箱舟との遭遇）」というテーマパークも 2016 年に開園されたそうですが、何がその原動力となっているのでしょうか。それは、進化論では人生の難問や人間の必要に対して十分な答が得られないので、創造論を含む聖書から神の愛と人間に対する計画を知ることが重要だというアンサーズ・イン・ジェネシス（Answers in Genesis）という団体の目的と情熱があるからだと理解しました。この団体が、この創造博物館やアーク・エンカウンターを作り運営している団体です。

　実はこの国での進化論対創造論の論争には長い歴史があって、過去には進化論を学校教育で教えてはならないと法律に定めた州が幾つも存在しました。今でも、進化論だけでなく創造

論も学校で教えるべきだとする意見も多く、実際に創造論を教えている私立学校もあります。これは、キリスト教思想が大きな影響を持っている米国のような国だからこそで、進化論を肯定する社会や人々にとって大いなるチャレンジとなっています。同時に、創造博物館を訪れるクリスチャンにとっては、創造論を視覚的に楽しみながら学べる教育施設となっています。米国内では、この「創造論」を特に強く信じる福音派の人々が多数存在し、その数は人口の 2.5 割、中には 4 割（約 1.3 億人）にも達するというデータもあり、アメリカの政治・経済・文化等にも大きな影響を与えています。

　当時の私の学外研究には 2 つのテーマがあり、そのうちの 1 つは、この世界で一神教思想、特にキリスト教と現代社会がどのような関係にあるのか、あるいは、一神教思想が現代社会にどのような影響を与えているかを考察するため、前述のように米国の数か所を訪問したわけです。その一神教思想の影響は大統領選等でも見ることができ、結論として、米国を始め世界ではキリスト教等の一神教思想と現代社会の関わりが、日本人が思う以上にはるかに大きなことであり、政治にしろ、経済、教育、福祉、医療、メディア、文化、エンターティナメントにしろ、この点を認識しておかないと、国際関係の大事な場面や国際交流の中で目測を誤る事態も出てくるのだと思います。多神教思想が優勢な日本と違い、一神教思想が優勢な世界を相手に、またその世界に出て活躍していく日本の人々に、ツールとしての英語を身に着けるだけでなく、一神教思想と現代社会の関わりについても啓蒙していくことは現代のグローバル化の中では

重要なことかもしれません。

〈コラム 12：キリスト教思想と日本の大学教育〉

　上記のように、キリスト教思想と米国社会の関係には深いものがありますが、意外とキリスト教思想と日本社会の関係にも深いものがあります。それに気づかず生活をしている日本人も多いのではないでしょうか。実はキリスト教思想の日本社会への影響は、政治・経済・哲学・教育・医療・福祉・文学・音楽・絵画・メディア・スポーツ等、現代社会のあらゆる分野に見ることができます。ここではその一例として、日本の大学教育の一側面を取り上げてみます。

　ご存じのように、日本が鎖国を止めた明治維新の時に、日本は国力発展のために西洋の思想や技術を積極的に取り入れました。それでも日本の伝統的な社会（男女）観は容易に変わるものではありませんでした。いわゆる和魂洋才の類です。聞くところによると、明治7（1874）年に日本には 32 の中学があり、そこでは男子生徒が 3100 人以上いたのに対し、女子生徒はわずか 28 人しかいなかったとのことです。その背景には、男子と同じように教育を受けるよりは、女子には良妻賢母となって欲しいという社会的要請があったようです。そういう教育事情の中、その後の日本の発展のためには女子も含めた教育が重要であるとの認識から、プロテスタントの宣教師たちが多数来日し、たくさんのミッションスクールや女学校が作られました。そこから、女子生徒にもある程度平等な教育機会が提供される

ようになり、飛躍的に女子学生の数が増えていったそうです。現在は見ての通り、女子学生が男子学生と同様に、あるいはそれ以上に国立や私立の大学で学んでいます。私の学生にその話をすると、特に女子学生は、今高等教育の恩恵を受けられているのはそのような歴史があったからかと一様に驚き、間接的なキリスト教思想の影響を再認識するようです。

　では、次の項目「世界の常識と日本の常識」では、これまで紹介した内容を基にした異文化理解や経験に関する主に私の考察をお話します。いろいろと学び、考えさせられた経験だったからです。

2.5.　世界の常識と日本の常識

　常識という言葉を聞くと、人によってその捉え方がそれぞれ違うかもしれません。したがって、話を進める前に、先に常識の定義を私なりにしておきたいと思います。「常識」とは、ある特定の社会の、ある特定の時期において、その社会を構成する人々が共有するか、また共有すべきとされる意見・知識や判断力のことだと思います。また人間なら誰でもが共有している感覚とされる場合や、学問的な知識と対置される場合もあります。さらに特定の常識は別の社会では通用しない場合や、人々の考えの変化に伴って変わりえるものと思っています。つまり、ガチガチに固まって変化しないものではなく、多分にそういう曖昧な部分を含む意味も有しているのが常識で、肯定的な場面

や否定的な場面の両方で使われるものです。

2.5.1. 神による創造を受容する人口は世界の半分以上

さて、前述の「キリスト教とアメリカ社会の関係」で訪問した所でいちばん印象に残っているのは、やはりキリスト教思想と教育の関係で訪問した創造博物館です。私自身が大学で教育に関わっているとは言え、特に英語や言語教育が主ですから、創造論は直接的な焦点とはなりません。しかしながら、英語上達も含めて、言語を学習する際には、その言語を育んだ文化や社会と切り離して考えることはできません。言葉や言語表現は、その背景にある歴史や文化や社会を理解すると、分かりやすく、実際にその言語を使用するときに役に立ちます。すなわち、語学学習には**異文化理解**が重要だと言われる１つの所以です。世界を知る、異文化を知って理解するということは、それを話す人たちと交流するときに、大きな助けとなります。大きな視野で物事を見ることができます。背景を知らないと、言葉を話せても、本当の意味で意志疎通ができなかったり、相手の気持ちを理解できない、あるいはこちらの考え方も伝えられない状況もでてきます。このように、特定の言語を使用する人たちが、どのような世界観を持ち、どのような考え方をし、どのように家族や他者と関わりを持って生きているかということを知ることは、他者とのコミュニケーションのツールとしてその言語を使用するときにはとても大切なことだと思います。その異文化理解の１つという意味で、創造博物館が私の印象に残っているわけです。なぜ創造論が異文化かと言うと、通常、私たち日本

人が学校教育で習う生物の授業は進化論だけで、「神が人を創った」という説は一切でてこないからです。日本人の常識は「ヒトはサルから進化した」というもので、一連の創造論の存在自体を知らない限り、これに異議を唱える人はほとんどいません（進化論にも様々な形があるように、創造論も1つではありません。「コラム13：創造論」参照）

　しかし、**世界の半分以上の人たち**は、「人は神に創られた」という世界観を受け入れています。それは1つには、旧約聖書の創世記1章1節で「はじめに神が天と地を創造された」と書かれているからで、これは日本人が知っている世界ではありません。旧約聖書を共通土台に持つがゆえに「アブラハム宗教」と一括りで呼ばれることもあるキリスト教・イスラム教・ユダヤ教では、神による創造を前提としていて、その宗教人口は世界人口の半分以上の数を占めます。もちろん、それを積極的に表明する人たちとそうでない人たちもいますが、そのような国や地域に行けば、生物学の定説である進化論の考え方は常識となっていません。進化論では、人間の根源的な問い、例えばなぜ人が存在するのかということや、人生の目的に対して答えを十分に提供できない、つまり人類が偶然に生まれたのなら、そこに人生の目的も存在の必然性も必要ないという人間観や世界観につながるからだと言う人々がいるからです。どちらが正しいかという議論は、過去の例を見ても分かるように、それぞれの前提や世界観が違うので不毛な議論になりがちですが、それが文化的差異であり、考え方の違いであることは事実です。（しかし現在では、この進化論 vs 創造論という二項対立的な考え方を取ら

ずに、調和的に考えることもできるという第3番目の考え方も出てきています。これについては「コラム13：創造論」を参照。)

　実際に、先ほどの事実について私の学生と共有する機会があると、彼らは一様に驚きます。そして、その最初のリアクションは、「世界でも最も科学が進んでいる米国で、創造論を信じる人がそれほど多いとは信じられない」と言います。つまり日本人の多くは、科学と信仰の両立を理解できません。アメリカで多くの人が創造論を信じているということは、もちろんNASA（National Aeronautics and Space Administration、アメリカ航空宇宙局）においても、それはおそらく似たような状況でしょう。例えば、世界で最初に月面着陸を果たしたアポロ11号のバズ・オルドリン宇宙飛行士は、キリスト教長老派教会の敬虔なクリスチャンで、月面着陸後の宇宙船内で聖餐式（キリスト教の儀式の1つ）を行うほどだったといいます。また、アポロ15号で月着陸したジム・アーウィン宇宙飛行士も、彼の中ではもともと科学と信仰は無理なく両立していただけではなく、宇宙からの帰還後に、科学を捨てたわけではありませんが、なんと聖書の言葉を伝える伝道者・牧師になりました。私の記憶が正しければ「アポロ13」という映画でも、困難に直面する宇宙飛行士やその家族の信仰が生き様として場面に描かれていたと思います。つまり彼らにとっては、科学と信仰は何ら矛盾するものではなく、彼らの生活の中に溶け込んでいるのです。また米国には、医学や生命科学の分野で世界的に有名なアメリカ国立衛生研究所（NIH: National Institutes of Health）がありますが、そこの所長を務めたフランシス・コリンズ博士（在任期間2009年〜

2021 年）は、信仰と現代科学の調和を試みるバイオロゴスモデルを 2006 年に出版した自著の中で提示しています。現在では、それは**進化的創造**（モデル）として認識が広がってきているそうです。まさに日本人にとっては、異文化と言えるのではないでしょうか。

〈コラム 13：創造論〉

　異文化理解の１つとして紹介した創造論についてはいくつもの説があります。例えば、聖書の字義通りに神は６日間で天地万物を創造したという主に福音派の人々が信じるものから、神にとって１日は 1000 年のようであると書かれている箇所（ペトロ第二 3:8）もあることから、１日を比喩的にとらえるものもあります。もちろん、現代科学の分野で研究し活躍するクリスチャンの科学者もたくさんいることから、神は進化という見事なメカニズムを用いて生物を創造したとする「有神論的進化論」もあります。その流れの中で、宇宙物理学によって宇宙は約 138 億年前にビッグバンにより誕生したとか、ゲノム学や遺伝学などの最新の分子生物学も含めた現代科学の知見に基づき、神が創られた世界のメカニズムを解明する努力が科学的になされています。そういう努力をしている研究者の中に、前述の進化的創造を提唱するコリンズ博士や、ケンブリッジ大学の D. アレクサンダー教授らがいるとのことです。これが、先ほど触れた第 3 番目の考え方です。

2.5.2. 異文化からみた日本

　この「異文化」という視点から見ると、科学と信仰の両立のように日本人が外国人に対して抱く不思議さ、あるいは奇妙さについては、相手も同様に考えるような事柄があります。これは指摘されて久しいことですが、日本人に対して抱く不思議さ、あるいは奇妙さの具体例として次のようなことがあります。日本人は、新年にお宮詣でをし（神道）、夏にはお盆の行事をし（仏教）、12 月にクリスマスを祝う（キリスト教）。結婚式はキリスト教式で、お葬式は仏教式で行う。日本人のメンタリティからすれば、こういうことに違和感を抱く人はそれほどいません。しかし、一神教の人や外国人から見ると、どうしてそういうことができるのか、なんとも不思議な光景に映るようです。また先ほどの科学と信仰の両立に関し懐疑的な日本人に対し、前にも触れたように、外国人は大きな違和感を抱いていないようです。例えば、1901 年から 2000 年までの 100 年間のノーベル賞受賞者について調べたある調査によれば、全体的に約 65% の受賞者が、自分の宗教はキリスト教だと回答したそうです。そのように回答した人を部門別で見ると、化学賞では約 72%、物理学賞では約 65%、医学賞では約 62%、文学賞では約 50% だったという調査結果が出ています。日本の認識状況とはかなり距離があるようです。日本の中に住んでいると、ごく当たり前のことでも、自分が外国に行って、外から日本を眺める機会があると、そういうことに気づかされます。ですから、一度海外を経験してみることは、日本や他国の仕組みを知ることができ、確実に自分の視野を広げることができます。「グローバル化」

ということがよく話題として取り上げられますが、何も大仰しいことを企てるだけでなく、常識を鵜呑みにせず物事を自分で調べてみることや、自分の生きている社会の現状を観察すること等、身近なところからグローバル化を始めることができるわけです。このグローバル化については「第4章 2.5.4. 世界で活躍する人材」で後述したいと思います。

〈コラム14：日本における異文化の定着例〉

歴史というのは、英語では「history（ヒストリー）」と言いますが、その言葉の由来をご存じでしょうか。もちろんご存知の読者もいると思いますが、もともとは historia（探究・調査の意）というギリシア語に語源があるそうです。しかし、「history」は「his story」、つまり「彼の物語」で、それは「イエス・キリストの物語」に関わっているという人もいます。イエス・キリストに端を発する物語を西洋では「歴史」と捉えるような傾向があるわけで、そのような発想は私たち日本人には驚きではないでしょうか。その発想は、歴史年号の数え方にも表れているようで、それが西暦です。皆さんも歴史の教科書等で「B.C.（紀元前）」「A.D.（紀元後）」と記載されているのをご存じだと思います。これらは現在でも使われています。これらは略号あるいは省略形で、「B.C.」は英語で「Before Christ（キリスト以前）」です。「A.D.」はラテン語の「Anno Domini」から来ていて、英語では「In the year of the Lord（主＝神の年）」を意味します。つまり紀元はキリストの誕生の前と後に分けられているわけです（た

だしキリストの誕生は、厳密には紀元前5〜4年だと言われています）。和暦の他に、日本における西暦の使用は、異文化の習慣が私たちの生活の中にもある程度定着している例と言えるでしょう。（現在では、キリスト教的なニュアンスを避けるために、主に学問分野で、紀元を「CE: Common Era」〔共通暦〕で表す言い方もありますが、まだ一般の日本人には馴染みが薄いようです。）

他にも異文化が私たちの生活の中に定着している例があると思いますが、1つには**日曜日の制度**があります。江戸時代も含めたそれ以前の日本では、1週間に1度休むという習慣はなく、明治時代になってから、キリスト教の安息日（Sabbath）である日曜日に倣って休みが設けられるようになりました。私達は今その恩恵を受けているというわけですね。また「第4章2.3. 3度目の米国」の項で、大学の研究専念制度を英語ではサバティカル（Sabbatical）と呼ぶと話したと思いますが、実はこれも前述の安息日（Sabbath）に由来するものです。

2.5.3. 大学教育と英語

上記のようなことと関連するだけでなく、大学教育に携わる者として、私は自分の教える学生に次のように尋ねることがあります。「高校（まで）の学習と、大学での学習はどのように違うか。」これは、特に大学の新入生にとって大事な質問の1つと考えていて、この答えを明確に持っている学生とそうでない学生は、その後の学習や大学生活に違いがでることを経験的に見

てきました。今大学生の読者や、そうでない読者も試しに自問してみてください。どのような答えをするでしょうか。異論もあると思いますが、私は次のように考えています。

　私たちは、基本的に学校で習うものがすべて正しいというスタンスで教育されます。しかし、もっと深く調べていくと、正しいとされているだけで、事実はもっと複雑な事象であることが多いわけです。特に日本の高校生は、大学受験・就職試験等のために、疑うことなく知識を詰め込まれます。高校の学習指導要領で、思考力・判断力・表現力等の育成が掲げられているとは言え、高校までの教育は、主に教えられることをそのまま受け入れる教育傾向にあります。そうでないと（大学）試験でつまずくことになるからです。しかし大学では、「一般にそう言われていることが本当に正しいのか、事実に基づいているのか」等、自分で再確認することが求められます。つまり、常識も含めて一度疑って考えてみることが必要で、自分で検証作業をして学習していくことが大事になります。卒業論文はその最たるものでしょう。そしてそこから、自分がどういう人間になって、どのように社会と関わり、それに貢献していくか、その技量を見つけ、いかに伸ばしていくか、つまり人材の育成が大学教育ではないかと思っています。英語教育も確かにその一翼を担っています。

　私が大学で教えたいと思うようになったのは、自分の専門分野を活かしてこのような教育に関わることができるのではないかと考えたからです。実際、高校出たての初々しい大学１回生が、通常４年間で青少年から素晴らしい大人へと見事に成長し

ていきます。そのような彼らの人生が変わっていくその過程で、微力ながらもそのお手伝いができるということは、大学教員としての価値ある使命・特権だと思っています。また喜びでもあります。人の人生が変わっていくときに、そこに肯定的に関わっていけるという仕事は、教会で牧師している時も経験したことですから、ある意味その延長線上にあるものだと自分の中では考えています。そして私は、このような英語教育を通して、グローバルな人材として学生が日本や国際社会で活躍していくことを願っています。もちろん、本書の読者の皆さんにも同様なことを期待しますが、日本の社会や世界で英語を使っている場面をイメージしながら、まず何よりも、楽しみながら英語に触れて戴ければ嬉しい限りです。

2.5.4. 世界で活躍する人材

　私は「グローバル人材」という今はやりの言葉を本書の中で幾度か使いました。特に「第4章 2.5.2. 異文化からみた日本」で、「グローバル化」というのは「何も大仰しいことを企てるだけでなく、身近なところからグローバル化を始めることができる」と述べたので、ここでそのことをもう少しお話したいと思います。

　ご存じのように「グローバル化」は現代を読み解く1つのキーワードです。特に日本においては、大学の英語教育とグローバル化は密接に結びついているようです。多くの大学はグローバル人材の育成を1つの重要目標として掲げ、産業界を始めとする社会も大学にその役割を期待しているところがあります。そ

のような中、グローバル人材が単に英語等の外国語に堪能な人物を意味していないことを私たちは知っています。このグローバル人材についての理解は、2国間や多数国間の橋渡しになる人材、国際問題に関心を持ちその解決案を提案できる人材、自分の知見や技術が世界のどこかで役立つことを再発見できる人材等、内容的にも幅広い意味合いを持っているようです。

　では、改めてグローバル人材とはどのような人を意味するのでしょうか。もちろんこのことについては、考え方によって、あるいは視点の違いによって、様々な定義が可能かと思います。そこで私なりの定義をすれば、**グローバル人材**とは「外国語に堪能で、健全なる自己理解と他者理解に基づいて日本を含む国際社会で活躍できる人材」だと考えています。そのようなグローバル人材として成長していく秘訣として、人々に、特に若者たちに「日本にいても、『自分の世界』が広がるグローバル・ビジョンを持とう！」と提案したいのです。これは私だけの考えではないと思いますが、この「**グローバル・ビジョン**（Global Vision）」が意味することは大きく次の3つと考えていて、今私たちがいる日本においても実行可能なことです。

① 世界における日本や自分の立ち位置を認識する。そのためには、
　a) 自分の長所と短所を知る。これは健全な自己理解を生む。
　b) 日本の歴史・文化・学術等を再認識する（正しく知る。意義を知る。可能性を知る）。これは健全な自国理解を生む。

c) 自分の関心がある国や、世界の歴史・文化・学術等を再認識する（正しく知る。意義を知る。可能性を知る）。これは健全な異文化理解に繋がる。

d) 日本および世界の諸問題を知る。

② ①を基に、自分が所属する大学や職場、また地域社会やその延長にある世界にどのように貢献できるかを考える。

③ 自分のグローバル・ビジョンを持って自律的に行動する（例えば、①と②を基に、自分で実行可能な計画を立て、それを行動に移す）。

③について考えるためのヒントとして、過去の活動例や貢献例を調べることは役に立つでしょう。例えば大きな貢献としては、第二次世界大戦初期のリトアニアで、日本へのビザ発行によって約6,000人のユダヤ人を助けたとされる、杉原千畝日本領事館官吏の貢献等

南ア・喜望峰にあるサインポスト：東側に東京・シドニー、西側にロンドン・ニューヨーク等の表示が見えます（写真では、西側は右、東側は左）。

があります。現在、助けられた彼らの子孫は、20 万人にものぼると言われています。このような大きな貢献は、時には危険や犠牲も伴う場合もあるので、万人ができるわけでもありません。したがって大きな活動だけに限らず、もちろん小さな活動でも意味があることを考えれば、必ずしも海外に出かけたり、大きな行動計画を意味するわけではありません。今置かれている自分たちの環境の中で実行可能な計画でよいと思います。例えば、大学生ならば、大学の内外で同じ関心を共有する人たちとビジョンを語り合うことも 1 つの方法ですし、あるいは日本人学生と国際学生の交流も意義深く、それは英語（外国語）学習の動機づけにも繋がるからです。もちろん一般の人たちや社会人も同様で、日本国内にいる様々な外国人や、現在は SNS を使って海外の人たちとも交流することもでき、お互いの理解を促進することができます。

　このようなグローバル・ビジョンを持つことができれば、繰り返しになりますが、英語等の外国語学習の動機づけとなることができるでしょう。たとえ自分の関心のある国が英語を話す国でなくとも、その国に関する英語の文献や情報にこと欠くことはほとんどないため、英語を使えることはやはり有益だと思います。

〈コラム 15：ビジョン〉
ここで用いるビジョンとは視野のことで、意味の広がりとして未来像や（心に描く）幻の意味も含めてよいと考えています。もちろん幻と言っても幻想のことではなく、む

しろ目指すべき目標と言うほうがふさわしいかもしれません。聖書にも「Where there is no vision, the people perish」箴言 29:18【KJV】、訳すと「幻のない民は滅びる」と書かれています。人は広い視野と素晴らしい目標があれば、発展に協力しあい努力できるものです。

2.5.5. 海外経験をしたことのメリット

私にとって海外経験をしたことのメリットと言えば、世界の常識、日本の常識について、日本の国内にいるだけでは分からないことに、たくさん気づくことができました。言いかえれば、外から客観的に日本という国を眺めることができました。海外滞在歴のある人がよく言うことですが、海外に住むと、まず日本のよさを再認識するということです。日本の文化や歴史の豊かさを始め、治安のよさ、電気・ガス・水道のインフラ整備網とその品質、交通網の発達とその時間的正確さ、コンビニを始めとした生活に密着した小売業、中小企業の技術力の高さ、日本人の勤勉さやおもてなし精神（フレンドリーな親切さ）、就業や言論の一定の自由、国民全体の教育水準や識字率の高さ、国民皆保険が備わった医療体制等、数え上げればきりがありません。

もちろんその反対に、日本のデメリットや問題も見えてきました。英語教育、少子高齢化、貧困、作りすぎによる食糧や服飾廃棄、若年層の将来に対する閉塞感、年金制度、命の選別化（胎児や高齢者）、孤独感、ジェンダー、各種ハラスメント、忖度を暗に求める社会的圧力（言動の不自由さ）、コロナ対応で見られ

た医療体制問題、安全保障や防衛、天然資源貧困国、企業及び教育界のガバナンス等、これも数え上げればきりがありません。私たちは日本において問題のただ中にいると、木を見て森を見ずというように、問題の本質をなかなか見ることができず、解決の糸口を見いだせないことがあります。そういう時には、視点を変えて、外から俯瞰的（ふ かんてき）に見ることによってヒントが得られることもあります。特に同じような問題で先進的な取り組みをしている他国の例を学んだり、他国の失敗を他山の石として学ぶことによって、問題解決の糸口を見いだせるかもしれません。このようなメリットが海外経験にあるとは言え、言うまでもないことかもしれませんが、私は読者の皆さん全員に海外経験を勧めているわけではありません。繰り返し述べているように、皆さんが今いる場所で自分に合った楽しみながら英語に接することのできる方法や環境を発見し、自分のペースで英語上達に取り組んでもらえると幸いです。

〈コラム 16：英語上達法に関する小まとめ〉

① 楽しみながら英語を学べる自分に合った「英語の環境作り」をする。

② その英語の環境作りを通して日頃から英語に接し「英語に慣れる」。

③ 意欲と勤勉さを持って前向きに英語を学ぶ。

④ 英語そのものや、英語を母国語とする国の文化・人を好きになる。

⑤（英語母語話者に限らず）英語を話す人と友だちになる。

⑥ 語彙力増強のために、目標言語の辞書（和英辞書ではなく、英英辞書）を使用する。

⑦ 母国語も外国語上達に必要なので、日本語をおろそかにしない。英語レベルにもよるが、上のレベルにいけばいくほど日本語なしで習得を目指すほうがよいが、下のレベルでは日本語で意味を調べたり、訳を見て理解するという段階も必要である。

⑧ 上のレベルになれば、日本語に置き換えないで、英語のまま理解（受信）し、話したり書いたり（発信）する。

⑨ 英語の感覚でも分かるようにする（本当に分かるようになった時は、比喩的表現やアイロニー等言外の意味も分かるようになる。字義通りに訳せても、意味が分からないことが往々にしてあるからである）。

⑩ 異文化理解や異文化経験を楽しむ。

あとがき

　本書の題を「**これで変わる！　あなたの英語力！**」としましたが、まず読んでいただいた後、本書で紹介している英語上達方法の１つでもトライしてみようかなと思っていただけたら、それはそのように名付けた甲斐がありました。何度も繰り返しているように、英語上達の秘訣は「意欲と勤勉さ」です。本書を読んで、まず英語が上手になりたい、とにかく上手になるために何かをやってみたいと意欲を持っていただけたら、それがあなたの英語力が変わる第１歩になります。どんな目標も、どんな大きな夢も、必ずそれに向かって歩みだすための第１歩があります。アメリカの宇宙飛行士が、月面旅行に行き、夜空に輝く月に降り立った時に語った言葉を覚えている人もいるかと思います。彼はこう言いました。「これは人間にとっては小さな一歩だが、人類にとっては偉大な飛躍だ。(That's one small step for [a] man, one giant leap for mankind.)」どんなに遠くの目標であっても、まず歩み出さなければ何も変わりません。そしてそうやって意欲を持ってもらえたら、それを地道に継続する —— これが勤勉さです。そして何よりもそれを、楽しみながら取り組んでもらうというのが、継続する秘訣なのです。すでに本書の中でも述べましたが、この「楽しみながら」という意味は、積極的には文字通りの「楽しみながら」の意味であり、消極的には「苦

にならない、苦にしない」という意味で理解して欲しいと思います。

　以上のような取り組みのことを大きな枠組みとして、私は**「英語の環境作り」**と呼んで、英語の初学者から上級者までにこれをお勧めしてきました。本書を読んでどれぐらい変わるかは、この英語の環境作りをどれくらいあなたが実行したかによります。もちろん人によってそれぞれエントリーレベル（本書を読む前の皆さんの英語力レベル）が違います。ただ、本書を読み何か具体的な方法を実践し始めたとしたら、その後の英語力は、そのエントリーレベルよりも少なくとも上がっているはずです。もちろんあなたの英語力がどれくらい変わるかは、実はあなた次第です。もともと英語をマスターしたいという意欲があったけれども、何から手をつけていいのかわからなかった、あるいはなかなか自分に合う学習方法がなかったけれども、本書を読んで、自分にもできそうな実際に何か具体的な方法を実践し始めたら、これもあなたの英語力が変わるきっかけになります。

　一方、本書を読んで、英語が上達しなかった、あるいは自分に合わなかった、と思う人もいるかもしれません。もちろんそういう場合もあるでしょう。そう感じる人がいれば、せっかく本書を手に取ってもらったのですから申し訳なく思います。ただ可能性として、それはあなたの意欲と勤勉さの両方、あるいはそのどちらかが「まだ」足りなかったからということはないでしょうか。逆に言えば、意欲と勤勉さをもって、途中で諦めなければ、英語は上達します。ぜひ、楽しみながら、自分に合

　これで変わる！　あなたの英語力！ —— 英語の環境作りのススメ

う方法を見つけて英語を学び続ける、あるいは英語に触れ続けてくだされば私としては嬉しい限りです。ご健闘を祈ります。

　なお本書の出版にあたっては、実は前々から「楽しみながら英語を習得する」という点を中心に、外国語習得は難しいものではなく、工夫次第によっていくらでも上達可能となることを感じてもらえるような本を出版したいという企画を自分なりに考えていました。ただ、世の一般の出版社から出そうとすれば、聖書的なものは省くという制約を求められるかな、とも思っていました。ところが、キリスト教書籍を中心に扱う出版社のヨベルの代表、安田正人さんから、ある日「特にそういう制約なしで書いてみませんか」という、うれしいお誘いをいただきました。本書はだからこそできた書籍です。そのような意味と公刊までの編集作業を丁寧にしていただいた安田さんに心から感謝申し上げます。また装丁を担当していただいた長尾優さんにも感謝致します。さらに最終段階で、立命館学園における大学の制度・仕組み・プログラム等について、幾人かの先生や職員の皆さんにも可能な範囲で確認をしていただきました。ありがとうございました。最後にもっとも大事な点ですが、本書を手に取っていただいた読者の皆さんにお礼を申し上げて、筆をおきたいと思います。

　　2022 年　夏

　　　　　　　　　　　　　　　　　　伊東寿泰

伊東寿泰（いとう・ひさやす）

1958 年、大分市生まれ。現在、立命館大学（RU）教授。米国・コロンビア聖書宣教大学院（現在の The Graduate Division of Columbia International University）神学修士課程修了。南アフリカ共和国・自由州立大学人文学部にて博士号（聖書・宗教学）取得。同大学神学部新約聖書学科研究員、立命館アジア太平洋大学（APU）助教授を経て現職。専門分野は新約聖書学と言語学。

APU では、英語副主任、言語文化インスティチュート・ディレクター等を務める。RU では、産業社会学部・英語コーディネーター、言語教育センター・英語運営委員等を定期的に務めている。

主な著書：『The story of Jesus and the blind man: A speech act reading of John 9』

主な訳書：R. A. カルペッパー著『ヨハネ福音書 文学的解剖』

主な共著や論文：『新約聖書解釈の手引き』『ここが変わった！「聖書協会共同訳」新約編 』『Perspectives on English Language Education in Japan』『Your World: Global Issues for English Learners』等があり、*Neotestamentica, Acta Theologica, AJBI(Annual of the Japanese Biblical Institute)*、新約学研究、聖書学論集等に論文がある。

これで変わる！あなたの英語力！
──英語の環境作りのススメ

2023 年 1 月 20 日　初版発行

著　者 ── 伊東寿泰

発行者 ── 安田正人

発行所 ── 株式会社ヨベル　YOBEL, Inc.
〒 113-0033 東京都文京区本郷 4-1-1　菊花ビル 5F
TEL03-3818-4851　FAX03-3818-4858
e-mail : info@yobel. co. jp

印刷所 ── 中央精版印刷株式会社

配給元—日本キリスト教書販売株式会社（日キ販）
〒 162 - 0814　東京都新宿区新小川町 9 -1
振替 00130-3-60976　Tel 03-3260-5670

© 伊東寿泰 , 2023　Printed in Japan
ISBN978-4-909871-66-4 C0016

聖書 新改訳 2017 ©2017 新日本聖書刊行会